国家社科基金一般项目"'一带一路'背景下出版'走出去'效果的多源异构数据智能评价研究"（项目号：20BXW042）阶段性成果；
受上海交通大学文科创新团队培育计划项目"中国文化国际传播"（项目号：WKCX003）资助

U0368227

逆全球化浪潮下的
中国出版国际传播研究

王大可 著

Research on International Communication of
Chinese Publishing under the Wave of
Anti Globalization

上海交通大学 出版社
SHANGHAI JIAO TONG UNIVERSITY PRESS

内容提要

在百年未有之大变局下,世界"逆全球化"风潮萌发,中国出版国际传播面临严峻的制度合作性危机。与此同时,受益于人类命运共同体等理念的提出和"一带一路"倡议等实践的不断推进,中国出版国际传播仍处于重要的战略机遇期。本书主体部分以出版"走出去"为典型案例,论述了中国出版国际传播的机制与模式、现状与成效、规划与前景等议题。本书指出,未来中国出版国际传播应继续利用好各项发展规划的制度优势,积极推进新一代信息技术与国际传播的深度融合,为提升中国出版国际传播能力开辟新赛道。

本书适合新闻传播、文化产业研究者及从业者参考阅读。

图书在版编目(C I P)数据

逆全球化浪潮下的中国出版国际传播研究 / 王大可
著. —上海:上海交通大学出版社,2023.12
ISBN 978－7－313－29840－9

Ⅰ.①逆…　Ⅱ.①王…　Ⅲ.①出版工作－文化传播－
研究－中国　Ⅳ.①G239.2

中国版本图书馆 CIP 数据核字(2023)第 211395 号

逆全球化浪潮下的中国出版国际传播研究
NIQUANQIUHUA LANGCHAOXIA DE ZHONGGUO CHUBAN GUOJI CHUANBO YANJIU

著　　者:王大可
出版发行:上海交通大学出版社　　　　　　地　　址:上海市番禺路 951 号
邮政编码:200030　　　　　　　　　　　　电　　话:021－64071208
印　　刷:苏州市古得堡数码印刷有限公司　经　　销:全国新华书店
开　　本:710mm×1000mm　1/16　　　　　印　　张:8.75
字　　数:129 千字
版　　次:2023 年 12 月第 1 版　　　　　　印　　次:2023 年 12 月第 1 次印刷
书　　号:ISBN 978－7－313－29840－9
定　　价:69.00 元

前　言

　　"国际传播活动是基于地缘差别差异而诞生的交流活动,始终伴随着意识形态的交流和斗争。"①就此而言,中国国际传播实践因国家硬实力的增强而兴,中国国际传播研究又因国际传播实践日渐丰富而起,其中的道理其实是不言而喻的。

　　若以中国期刊网收录的以"国际传播"为题名的 CSSCI 论文为例,中国国际传播研究大抵可以分成 2010 年之前、2011 年至 2016 年、2017 年至今三个阶段。在第一个阶段,虽然学术界已经关注到国际传播秩序失衡等问题②,并开始了提升我国传媒在国际传播中的地位等相关思考③,但作为一个研究领域,国际传播尚未成为学术热点。

　　在第二个阶段,随着我国国际政治经济地位的不断提升,特别是党和政府对国际传播重视程度的加强,国际传播研究日渐成为学术热点。这一阶段的国际传播研究涉及领域十分广泛,既有对中国文化国际传播必要性和

---

① 孟建,姬拓.国际传播研究的学术场域发展与对比——基于 30 年(1991—2021)学术期刊文献研究的知识图谱分析[J].新闻爱好者,2022(09):4-12.
② 赵雅文.国际传播失衡与平衡的哲学思考[J].新闻大学,2007,No.92(02):95-100.
③ 李卫兵.关于提升我国传媒在国际传播中地位的思考[J].电视研究,2007,No.211(06):52-53.

　　紧迫性的阐发①,也有对国内外国家传播实践案例及相关经验的分析和总结②。然而,虽然也有一些研究者关注到了国际传播中的话语权博弈等问题③,但总体而言,这一时期相关研究的基调是相对平静、"客观"的——客观地分析我国传播现状、客观地分析西方发达国家加强国际传播能力的经验。

　　然而,在第三个阶段,虽然前两个阶段的核心议题仍然频繁出现,但这一时期的国际传播更明显地呈现出两个不同以往的特点。第一个特点是紧迫性。紧迫性首先体现在论文数量的增强。2016 年之前,每年以国际传播为标题的 CSSCI 论文从没有超过 60 篇,而 2017 年之后,论文数则基本保持在 60～80 篇的水平,在 2021 年和 2022 年,论文数分别达到了 165 篇和 265 篇,这明显体现了学术界对国际传播议题关注程度的加强。此外,紧迫性还体现在越来越多的研究者开始思考中国国际传播能力建设所面临的挑战——无论这个挑战是来自"逆全球化"④,还是"数字化"⑤或者别的什么——而正如研究者所说,对中国国际传播挑战关注程度的加深,其实体现出越来越多的人认识到"国际传播是中西版'中国故事'的竞争"⑥这个事关中国国际传播能力建设成败的核心问题。第二个特点则是"建构性"。如果说在前两个阶段,无论是政府还是学界,对如何做好中国文化国际传播,虽然有一些朦胧的看法,但尚未形成体系性的思路,那么在第三个阶段,虽然前两个阶段所要解决的问题仍然存在,但与此同时,系统性的解决方案——从"一带一路"实践到"人类命运共同体"理念,再到对构建国家战略传播体

　　① 洪浚浩,严三九.中华文化国际传播的必要性、紧迫性与挑战性[J].新闻与传播研究,2014,21(06):5-21+126.
　　② 张施磊.央视英语多媒体国际传播初步实践与未来设想[J].电视研究,2014,No.295(06):21-23.
　　③ 邵鹏,陶陶.新世界主义图景下的国际话语权——话语体系框架下中国国际传播的路径研究[J].新疆师范大学学报(哲学社会科学版),2018,39(02):105-110.DOI:10.14100/j.cnki.65-1039/g4.2018.02.007.
　　④ 王晓东.逆全球化背景下中国武术文化国际传播的挑战、机遇与应对[J].体育学刊,2022,29(04):20-24.DOI:10.16237/j.cnki.cn44-1404/g8.2022.04.003.
　　⑤ 徐培喜.数字时代中国国际传播领域面临的五个挑战[J].现代传播(中国传媒大学学报),2021,43(06):14-16.
　　⑥ 任孟山.国际传播是中西版"中国故事"的竞争[J].传媒,2021,No.363(22):1.

系的思考——也已经逐步明确了。

本书对中国出版国际传播问题的讨论也是在这个背景下展开的。本书的核心章节以出版"走出去"这一中国出版国际传播的重要构成为例,阐发了中国出版国际传播的核心机制,评估了中国出版国际传播的现状与成效,论述了百年未有之大变局和"逆全球化"浪潮下中国出版国际传播面临的机遇与挑战,并在这些分析的基础上,构想了加强中国出版国际传播能力建设的实践空间和发展路径。此外,本书还以上海为例,探讨了"一带一路"背景下城市文化交流与合作的相关议题。

目　录

第一章　中国出版国际传播的机制与模式

　　对于中国这样具有悠久文化传统的大国，本国出版物的国际传播从来就是中外文明交流史的重要组成部分。早在公元 8 世纪，日本就从我国引进了大批典籍，而语言、文字和书籍的流通也构成了古代"丝绸之路"文明互鉴的底色。1949—1979 年间，虽然时有顿挫，但中国图书出口的步伐并未停滞。改革开放以后，中国出版"走出去"的步伐进一步加快，对外出版的产品形态和贸易手段不断丰富。发展规划是重要的中国特色国家治理工具，2003 年以来，随着出版"走出去"成为一项重要的国家战略，中国出版业的国际化之路迈入新的纪元。

第一节　中国出版国际传播的核心机制

　　21 世纪初，经过改革开放 20 多年的发展，我国综合国力显著增加，实施"走出去"战略，推动相关企业和行业在更大范围和更高强度的国际竞争与合作中建立比较竞争优势，具备了客观的基础和条件。与此同时，随着中国经济全球化程度的提升，积极应对西方文化霸权，促进中国文化的全球传播,成为一项紧迫的任务。"强大的国家目标实现能力是中国体制的重要特征"①,而促进国家目标实现的核心机制便是发展规划的制定与实施。从2003年开始,国家和地方各级政府积极发挥"规划体制"这个独特的中国制度优势,制定实施了一系列既有延续性,又有阶段性特征,既突出整体部署,又带有地方特色的中国出版"走出去"发展规划,在较短时间内实现了中国出版业国际传播能力的跨越式发展。

2003年,原新闻出版总署署长石宗源在全国新闻出版局长会议上,首次提出要利用国家对外开放的机遇,实施出版"走出去"战略,提升中国出版业的整体素质。经过随后数年的酝酿和调整,从2006年开始,有关部门陆续推出"中国图书对外推广计划""中外图书互译计划""经典中国国际出版工程""中华学术外译项目"等项目,初步建立起促进中国出版国际化的工程体系。在"十二五"和"十三五"期间,推动出版"走出去"不仅是新闻出版五年发展规划中单列的重要任务,还作为基本的精神,体现在几乎全部重要发展任务之中。譬如,在《新闻出版业"十二五"发展规划》中,促进中国出版"走出去"同时也是国家古籍整理出版工程、新闻出版东风工程等新闻出版精品工程的重要目标和内涵。此外,国家新闻出版管理部门还专门制定了《新闻出版业"十二五"时期"走出去"发展规划》《新闻出版业"十三五"时期"走出去"发展规划》等促进出版"走出去"的专项规划,从指导思想、基本原则、主要目标、重点任务和政策措施等方面对中国出版业的国际化之路进行了全方位的设计规划。

虽然我国政府推动中国出版"走出去"的目标始终如一,但在不同的历史时期,出版"走出去"的重点和手段仍有所不同。譬如,在"十二五"期间,国家规划虽然也强调要扩大版权输出的区域和范围,但对出版"走出去"目标的表述,基本只是一般性地强调要提升中国出版业的国际竞争力,但在"十三五"期间,由于"一带一路"倡议的实施,构建与丝路国家新闻出版合作新格局,成为新时代中国出版国际传播能力建设的重要方面。

---

① 鄢一龙.五年规划:一种国家目标治理体制[J].文化纵横,2019(03):76－86＋143.

　　除了中央政府,地方各地政府也组织实施了区域性的出版业国际化发展规划,譬如浙江省新闻出版业"十三五"发展规划,指出要制定促进版权贸易发展的相关政策,拓展新闻出版业对外合作,北京新闻出版广电局组织实施了新闻出版广电"走出去"示范企业的申报与评选等。总体而言,地方政府的规划与项目既体现了国家出版"走出去"规划的一般性原则,也带有地方的特点。譬如,《新疆新闻出版业"十三五"时期发展规划》提出要利用边疆地区新闻出版"走出去"扶持计划、"睦邻固边"工程等扶持政策和项目资金,发挥新疆毗邻中亚的地缘优势,积极推动中国和新疆故事在中亚国家和地区的传播。从 2015 年开始,广西新闻出版管理部门每年都将推动中国与东盟国家的人文交流,促进中国和广西的优秀文化产品在东盟地区的市场占有率列入年度工作计划。2018 年,上海市新闻出版局印发《打响"上海出版"品牌三年行动计划(2018—2020 年)》,这份行动计划在一般性支持上海新闻出版机构开拓海外市场的同时,也特别强调在未来三年,要重点支持开拓罗马尼亚、保加利亚等中东欧国家图书市场,提升中国出版在"一带一路"国家的竞争力。

第二节　中国出版国际传播的模式创新

　　传统上,中国出版业国际化之路主要采取产品贸易、国际展会和营销代理等三种模式。虽然这三种模式在中国出版"走出去"的过程中仍发挥着重要的作用,譬如,当前,主办或参与国际书展,仍然是出版企业提升国际营销能力的主要渠道,但自"走出去"战略提出以来,特别是 2010 年以来,中国出版界大力加强国际传播能力建设,不断推动国际化模式的创新和发展,中国出版"走出去"总体呈现四大新变。

第一,中国出版业的国际化已逐步告别相对单一的政府主导模式,建立起政府、企业和社会等多力力量协同参与的格局。"政策扶持往往被认为是后发国家发展文化产业的首要影响因素。"①在"走出去"战略提出之初,各级政府是中国出版业国际化之路的绝对主导者,不仅打造了北京国际图书博览会等极具品牌效应的展会平台,还积极组织国内出版企业参加法兰克福书展等国际知名展会,这两大书展一度"贡献了全国版权输出量的半数以上"②,但带有浓厚行政色彩的"博览会"模式和相对僵化出版"走出去"绩效管理方式的弊端也不断显现,"消解了企业走入国际市场参与国际竞争的主动性","产业与市场发展的轨迹很容易被扭曲"。有鉴于此,2010 年后发布的出版"走出去"相关规划,有意识地对这一格局进行纠偏,推动制定政府规划引导与出版产业生态优化相结合的政策体系,在市场与社会层面培育中国出版"走出去"的内在驱动力。据统计,2017 年全国共输出版权 13 816 项,其中 40%左右的版权输出是民营图书出版机构贡献的,阅文集团、晋江文学等多家民营企业年度版权输出量位居全国前十③,掌阅科技、时代华语国际运营多个具有广泛影响力的国际推广项目,体现出中国出版国际化经营广泛的社会基础。

第二,和"走出去"战略提出之初较多关注欧美发达国家及部分亚洲邻国出版市场相比,中国出版业正积极借助"一带一路"倡议的宝贵机遇,实现"走出去"的对象从欧美"小世界"到全球"大舞台"的转变。2003 年之后,由于多种主客观因素的存在,中国出版"走出去"的重点主要是欧美发达国家。2004 年,国内版权输出的主要对象是我国港、澳、台地区和新加坡、日本、韩国等亚洲邻国,"输出到美国、英国、德国、法国、俄罗斯和加拿大等欧美六国的版权只有 57 项,仅占总输出的 4.2%",而到了 2017 年,输出到这六国的版

---

① 朱春阳.扶持政策如何才能效能优化——基于我国出版业"走出去"驱动力结构的分析[J].编辑学刊,2013(02):11-16.

② 张梅芳,刘海贵.基于"博览会模式"的我国出版业"走出去"政策反思与优化[J].新闻大学,2014(02):133-142+26.

③ 周百义.民营"出海":形式多样,未来任重道远[N].国际出版周报,2019-07-15(009).

权数"达到 3 011 项,占总输出的 33.2%",数量和比重都有显著提升。2014
年以来,在"一带一路"倡议背景下,中国出版界逐步加大"一带一路"沿线国
家和地区市场开拓力度,实现中国出版产品在全球更广泛范围的传播,
"2017 年,我国面向周边国家和'一带一路'沿线国家版权输出数量达到近
4 500项,占我国出版权输出总数的三分之一还多。"①

第三,中国出版业的国际化已经从相对单纯的商品输出、版权输出,逐
步过渡到图书版权输出和更深层次的国际文化交流与合作融合发展的模
式。无论是在一般的意义上强调出版产品的跨国流通是国际文化交流的重
要组成部分,还是从一个特别的角度突出"出版传播在国家文化安全中的基
石作用"②,其实都在强调,稳健而持久的出版国际化之路必然是一条出版
"走出去"与文化"走出去"融合发展之路。近年来,中国人民大学出版社等
多家出版机构依托海外孔子学院、海外中国文化交流中心或国际友华高校,
成立相应的海外分社、海外出版合作中心、海外中国主题图书馆,更深层次、
更广范围地参与国际文化交流活动,有效提升了出版机构的国际传播力。
山东友谊出版社精心打造的"尼山书屋",更是实现了文化展示、学术讲坛、
图书销售、国际教育等多项功能的有机融合、相互支撑,"构建了一个文化传
播相对立体的完整生态链"③,先后入选"丝路书香"重点工程、国家文化出口
重点项目等,成为中国出版"走出去"的国际品牌。

第四,在"走出去"过程中,中国出版界已不再满足于被动的内容提供方
的初始角色定位,更加积极地介入"中国故事"内容生产与传播的全过程,建
构中国出版业国际化的"订阅"生产模式。在"走出去"战略提出之初,出版
"走出去"的重点更多放在渠道建设上,较为关注出版贸易额、版权输出数量
等显在的量化指标,相对而言,对出版产品国际传播效果,也即出版产品在
"走出去"的同时是否还能"走进去"的重视程度不足。近来,出版界更加积

① 范军.新中国出版对外交流与合作 70 年[N].中国新闻出版广电报,2019－08－19(T05).
② 孙万军.出版传播在国家文化安全中的基石作用[J].出版科学,2019,27(02):22－25.
③ 宋冰,张亚欣.中外文化交流平台"走出去"路径探析——以尼山书屋为例[J].出版广角,
2018(10):23－25.

极主动地调研国际受众的客观需求,采取多种措施生产、提供更具亲和力和影响力的图书出版产品,取得了一些成效。譬如,华东师范大学出版社组建英国知名数学教育专家领衔的编译团队,针对英国数学教育的现状和痛点,对本社的明显产品《一课一练·数学》进行全方位的"本土化"加工和改造,使得该款图书真正进入了英美国家的主流课堂①。作为"丝路书香工程"的重要项目,"外国人写作中国计划"主动组织外国作者来华调研、交流、体验,积累写作素材。和国人相比,这些外国作者更了解国外作者的语言、文化、心理乃至阅读习惯,他们写下的中国故事在国际传播过程中,所遭遇的文化折扣相对较少,也就更容易被相关国家主流人群所接受。

第三节　中国出版国际传播的未来路径

自 2003 年"走出去"战略,中国出版国际竞争力不断增强,对中国声音的全球传播起到很大的促进作用。当前,在中国特色社会主义建设进入新时代的关键历史时期,中国出版业应立足现有基础,抓住宝贵机遇,顺应数字化时代的出版传播规律,从体制、渠道、内容等多个方面进一步加强国际传播能力建设,为在国际舞台上讲好中国故事,展现真实、立体、全面的中国,提高国家文化软实力,做出新的贡献。

第一,当前,中央和地方各级政府都积极制定相应的政策或规划,为中国出版"走出去"提供了有力的政策和资金保障,但由于不同层次和省份的政策目标、政策工具雷同度较高,中国出版"走出去"过程中同质化竞争现象

---

① 洪九来."走进去":《一课一练·数学》成功对外传播的启示[N].中华读书报,2018-11-07(006).

较为严重。有鉴于此,我国应建立中国出版"走出去"部省协调机制,加强中央部委和相关省份在政策、规划制定过程中的协调与沟通,使得各个省份都能根据自身特点制定出版"走出去"规划。此外,除了制定一般性的出版"走出去"发展规划,我国应顺应全球新闻出版产业发展趋势,积极推动融合出版、境外投资、人才培养等中国出版国际传播能力建设专门领域的规划工作,推动构建全方位、多层次、宽领域出版"走出去"生态。

第二,随着5G、人工智能等新一代信息技术的发展,原本即高速发展的数字出版业获得新的动力。在传统出版领域,我国的出版及营销能力和国际出版强国比,尚存在一定的差距,但在数字出版领域,我国的技术水平则较为领先,且已成功培育出一些成功的商业模式和应用场景。而从另一方面看,虽然全球各大出版集团都已加快数字化转型步伐,但仍远不能满足急剧扩大且极具多样性的全球数字阅读市场的需求。目前,五洲传播出版社、掌阅科技、中青(英国)国际出版传媒有限公司等已积极开展数字出版"走出去"的探索与实践,打造出"全球儿童汉语互动阅读推广运营平台"、数字版"中国艺术百科全书"、掌阅海外版 iReader(App)等具有一定国际影响力的数字出版产品。在此基础上,相关管理部门和出版企业应加强数字出版产业生态的构建,促进数字出版技术研发和数字出版内容生产,优化数字出版产品的版权保护机制,深化与域外国家在数字出版领域的技术和文化合作,力争借助数字出版产业全球勃兴的东风,实现中国出版"走出去"的弯道超车。

第三,"先进的世界观是一个民族引领世界的首要贡献。"[①]长期以来,由于身处欧美主导的世界秩序,无论是在国家层面,还是在企业层面,出版"走出去"的重点都放了欧美国家市场的开拓上。和欧美主导的世界观不同,作为"从第三世界出发改造世界的方案"[②],"一带一路"的互联互通计划提升

---

① 张文木.通过"一带一路"看世界治理体制的中国方案[J].世界社会主义研究,2017,2(08):26-28.

② 陈光兴.回到万隆/第三世界国际主义的路上——"一带一路"民间版二十年阶段性报告[J].开放时代,2016(05):208-223+11-12.

了欧亚大陆、西亚北非等区域在世界格局中的重要性。虽然通过在"一带一路"国家设立国际编辑部、组团参与"一带一路"沿线国家书展等措施,国内出版界已显著加大了对"一带一路"国家图书出版市场的关注程度,但由于"一带一路"国家各方面情况差异巨大,而国内在语言、文化乃至营销人才储备上缺口很大,这方面的工作仍有很大的提升空间。就此而言,国家新闻出版管理机构应加紧制定专门的中国出版"一带一路"走出去发展规划,从政策、资金、投融资、人才培养等多方面为出版界保驾护航,出版机构也应着力开展"一带一路"国家跨文化受众调研,加强和"一带一路"国家出版机构、出版经纪人和专家学者的合作,提升"一带一路"国际出版工作的本土化运作水平,实现"一带一路"图书出版贸易网络的动态优化。

第四,无论是在国外还是在国内,将中国与传统文化关联起来讨论,都是一种常见的观点,表现在出版"走出去"领域,这就体现为,不少人自觉不自觉地将中国出版"走出去"等同为中国传统文化图书走出去、中国古代典籍走出去等。虽然中国传统文化书籍确实是中国出版"走出去"的重要内容,但很多跨国调研都清楚地显示,近年来,国际民众和国际知识界其实"越来越渴望了解中国当下的样子。"①从晚近中国出版国际化之路看,也确实是讲述当代中国故事的图书,如《习近平谈治国理政》《中国震撼》等赢得的国际关注最多。因此,国内出版机构应加大当代中国主题图书选题策划与国际推广力度,推出更多研究中国道路、阐发中国经验、展现中国发展的图书,更好地满足国际民众的阅读需要。

---

① 李苑. 世界"渴望了解中国"[N]. 光明日报,2015 - 08 - 31(001).

第二章　中国出版国际传播的现状与成效

　　20 世纪 90 年代以来,全球化浪潮席卷全球,资本、产业、商品、人员等生产要素的跨国流动日益便捷。不过,伴随着经济力量的全球扩展,西方国家的文化产品也扩散到世界各地,对各国文化、价值观乃至政治意识形态施加着深远的影响,构成西方主导的全球治理格局的一块基石。在这个意义上,如果说"一带一路"建设是中国新型全球治理观的表现和实践,那么文化传播工作理应成为该倡议的重要组成部分。国家主席习近平在第二届"一带一路"国际合作高峰论坛开幕式上的主旨演讲中指出,推动"一带一路"沿着高质量发展方向不断前进,要积极架设不同文明互学互鉴的桥梁。出版业是文化传承和文明交流的重要载体,出版"走出去"是中国文化全球传播的重要形式。在前期的研究中,本书作者曾基于国内语境,对"一带一路"主题出版的整体格局进行了总结和反思①,在此,本书作者希望探讨则是,在全球传播的语境下,"一带一路"主题出版"走出去"的现状与成效问题。

---

　　①　王大可."一带一路"图书出版演进趋势和内容特征[J].出版科学,2019,27(01):49-54.

第一节 中国出版国际传播的需求与行动

一、注重政策引领、发挥央地协同

"强大的国家目标能力是中国体制的重要特征。"[1]21 世纪以来,得益于一系列出版"走出去"政策、规划及相关工程项目的组织实施,中国出版的国际竞争力显著提升,有力支撑了中国故事的全球传播。2013 年以来,在前期政策基础上,国家有关部门立足"一带一路"建设需要,出台一系列扶持政策,引导中国出版加快"一带一路"走出去的步伐。

2014 年,经中共中央宣传部批准,包括重点翻译资助项目、丝路图书互译项目、汉语教材推广项目等类别的丝路书香工程获准立项,同时入选国家"一带一路"建设重大项目。2017 年 9 月发布的《新闻出版广播影视"十三五"发展规划》将丝路书香工程列为"十三五"期间新闻出版国际传播能力建设的重点项目。文化部同年发布的《文化部"一带一路"文化发展行动计划(2016—2020 年)》也提出要以数字文化为重点,开拓完善国际合作渠道,实现文化生产和文化消费的良性互动,促进"一带一路"民心相通建设。

在国家规划指引下,不少省市也结合自身情况,加大对"一带一路"出版交流与合作的支持力度。譬如,上海市不仅在原有"上海翻译出版促进计划""上海市版权走出去扶持资金"等传统项目中加大对"一带一路"相关项目的扶持力度,还从 2016 年起,特别设立"上海新闻出版'一带一路'资助项目",推动上海出版单位优质出版产品在"一带一路"国家的出版传播。《新疆新闻出版业"十三五"时期发展规划》也指出要抓住"一带一路"重大战略机遇,培养外向型国际出版专业人才,提升自治区出版产品在"一带一路"国家的市场份额。

---

① 鄢一龙.五年规划:一种国家目标治理体制[J].文化纵横,2019(03):76 - 86+143.

二、强化市场运作、凸显企业主导

一般而言,政策扶持被认为是影响一国出版"走出去"能力的首要因素,但在现代市场经济的条件下,政策扶持只有在"有利于企业成为竞争优势的主体"的条件下才能发挥最大的效用①。我国出版业在开拓"一带一路"市场时,充分尊重市场规律,加大本土化、市场化发展的力度,既服务了国家倡议,也增强了中国出版业的国际竞争优势。

上海外语教育出版社、外文出版社、中国翻译出版社等出版机构根据业务需要,在"一带一路"国家发起成立"中译—罗奥中国主题国际编辑部"等多个国际编辑部,以相对小的经济和风险投入,促进出版业在海外市场的本地化运作②。安徽少年儿童出版社联合"一带一路"沿线优质合作伙伴,发起成立"丝路童书联盟",主办"'一带一路'童书互译工程",利用目标市场本土发行渠道,实现童书出版"走出去"的突破。

为准确把握"一带一路"国家市场需求,中国出版集团组织专业力量,对罗马尼亚、匈牙利、泰国等国文化出版市场进行专项调研,并根据调研成果,制定"一国一策"的市场策略。譬如,针对波兰、塞尔维亚等国数字出版起步较晚,但有声书市场增长迅速的特点,中国出版集团大力推动文学、童书、字典类有声书进入两国市场。此外,中国出版集团还积极参加"一带一路"国家国际书展,推进与相关国家主流书店的业务合作,开设"中版书柜"和"中国书架",不断拓展更为本土化和市场化的零售渠道③。

三、改进出版模式,创新营销生态

长期以来,我国出版"走出去"的对象主要是一些欧美发达国家以及一些同属中华文化圈的亚洲邻国。在"一带一路"背景下,我国出版企业不仅

---

① 朱春阳.扶持政策如何才能效能优化[J].编辑学刊,2013(02):11-16.
② 窦元娜."走出去"的新模式[N].国际出版周报,2017-12-25(012).
③ 贾子凡.李岩:中版集团"一带一路"国际合作呈现全新局面[N].国际出版周报,2019-08-12(007).

大力发展与"一带一路"国家版权贸易,实现版权输出总量和结构的"双提升",还积极实践海外并购、设立海外分支机构、发展国际版权贸易代理等多种国际化经营模式,不断提升出版"走出去"的质量和效益。

譬如,通过搭建"图书版权贸易洽谈会"平台,山东出版集团有效拓展了"一带一路"国家市场。从 2015 年 1 月至 2019 年 9 月,山东出版集团图书版权已输送到 23 个国家,有 99 种图书入选丝路书香工程等国家级"走出去"项目①。作为首批获得对外专项出版权的试点企业,人民天舟(北京)出版有限公司通过在摩洛哥、阿联酋等国家设立海外分支机构,深耕"一带一路"国家阿拉伯语、法语、英语等畅销语种市场,仅在第 25 届卡萨布兰卡国际书展上,销售图书就超过 3 000 余册,销售额超过 10 万迪拉姆②。

在数字经济时代,"营销不再是从生产到销售的线性机械运输,而是囊括物质交换、信息传播、行业合作、关系维护等多重任务的综合运作系统。"作为山东友谊出版社精心打造的出版"走出去"品牌,尼山书屋实现了文化展示、学术讲坛、图书销售、国际教育等多项功能的有机融合、相互支撑,"构建了一个文化传播相对立体的完整生态链",实现了展示窗口、出版机构、图书销售、版权队伍和作者队伍的国际化③,先后入选丝路书香重点工程、国家文化出口重点项目等,成为中国出版"走出去"的国际品牌。

四、加强数字出版,提升传播效率

21 世纪以来,随着现代信息技术,特别是移动互联技术的发展,全球数字阅读市场规模不断扩大,基于各类网络终端,便捷地获取数字内容,成为各国网民的重要需求。据统计,"一带一路"大多数国家互联网普及率都在60% 以上,并且"互联网'无线化'的趋势较明显"④,在扶持纸质项目的同时,加快推动数字出版走出去,是提升中国出版"走出去"能力的必然选择。

---

①　张志华.高质量提升国际传播力的路径探索[N].国际出版周报,2019 - 09 - 02(009).

②　出版企业海外分支机构如何实力"圈粉"?[N].中国出版传媒商报,2019 - 08 - 20(042).

③　宋冰.中外文化交流平台"走出去"路径探析[J].出版广角,2018(10):23 - 25.

④　王文.数字"一带一路"[J].社会科学战线,2019(06):72 - 81.

安徽少年儿童出版社利用数字出版平台开辟"走出去 E 丝路",打造"全球儿童汉语互动阅读推广运营平台",入选 2013 年新闻出版改革发展项目库。中青(英国)国际出版传媒有限公司,瞄准"一带一路"国家对中国文化和艺术的浓厚兴趣,设计研发了具有智能搜索功能的数字版《中国艺术百科全书》,通过数据库的形式推广到国际社会。[①]

数字阅读平台是数字出版的重要环节。作为国内数字阅读行业领军者,掌阅科技研发的掌阅海外版 iReader(App)目前可支持 14 种语言,服务 40 多个"一带一路"沿线国家和地区的超过 2000 万用户,有力推动了中国优质数字内容的国际推广。五洲传播出版社自建的 that's books 在短短几年间就发展成为拥有英文版、西文版、阿文版和法文版等多个版面的数字内容商务推广平台,销售的电子图书产品涉及 20 多种语言文字,不仅满足了阿拉伯地区和拉丁美洲地区数字阅读市场的需求,也提升了出版"走出去"的效率[②]。

第二节　中国出版国际传播的成效与内容

本书对中国出版"一带一路"走出去情况的评估主要依托丝路书香工程重点翻译资助项目入选名单。"丝路书香出版工程"是中国新闻出版业唯一统筹纳入国家"一带一路"建设布局的重大项目,其中的"重点翻译资助项目"更是把推动中国主题图书在周边国家和"一带一路"国家的传播明确列

---

① 出版企业海外分支机构如何实力"圈粉"? [N]. 中国出版传媒商报,2019 - 08 - 20(042).

② 邱红艳.五洲传播出版社 that's books 多语种平台在阿语和西语地区的发展[J].全国新书目,2015(07):8 - 9.

为项目执行的预期目的,可以说,每年入选该项目的图书既是中国出版"一带一路"走出去的实绩,也带有某种"风向标"和"指示牌"的性质,体现着国家有关部门对中国出版"一带一路"走出去的指导和规划。

一、年份及数量

2014 年年底,丝路书香工程正式获得中宣部批准立项,由当时的国家新闻出版广电总局组织实施。2015 年 4 月,国家新闻出版广电总局启动了首次丝路书香重点翻译资助项目的申报与评审工作。除了 2015 年 8 月、12月,国家新闻出版广电总局先后发布了 2015 年丝路书香工程重点翻译资助项目入选名单和增补名单外,项目的入选名单一般每年发布一次。从历年公示的项目入选名单看,从 2015 年到 2019 年,该工程资助的图书数量已达 1 918 种,年均资助数量约 383 种,其中 2015 年和 2016 年的资助数量最多,分别达 546 种和 439 种。

二、机构、地域及作者

据统计,全国将近 228 家出版机构申报的图书获得过丝路书香重点翻译项目的资助,其中约 25% 的出版机构只有 1 种图书入选,占比 52% 的出版机构入选图书数量在 5 种(不含)以下。中国人民大学出版社、五洲传播出版社和社会科学文献出版社入选的图书最多,分别达 174 种、172 种和 139 种,这三家出版机构入选图书数量占资助图书总量 25.3%。整体而言,除了五洲传播出版社、外文出版社等国际营销能力较强的出版机构,和社会科学文献出版社、人民出版社等具有雄厚出版发行能力的社科类出版社外,大学出版社在开拓"丝路"图书市场中的表现较为亮眼。在入选"丝路"项目最多的 15家出版机构中,大学出版社有 4 家,分别为中国人民大学出版社、北京师范大学出版社、北京大学出版社和上海交通大学出版社。

由表 2-1 可知,从出版机构所在区域看,北京的出版机构入选丝路书香重点翻译项目的图书数量最多,达 1 396 种,约占入选图书总数的 73%,遥遥领先于全国其他省份。总体而言,入选"丝路"项目最多的省份,一般都具有实力较强的大学出版社或儿童文学出版社，譬如浙江少儿儿童出版社有 32 种图书入选"丝路"项目，占浙江省入选总数 21.3%，安徽儿童出版社入选图书 19 种，占安徽省入选总数 39.6%，上海交通大学出版社入选图书 34 种，几乎占上海市入选总数 71%。近年来，作为丝绸之路经济带的核心区，新疆发挥毗邻中亚地理、文化优势，大力拓展中亚地区图书市场，正因为此，虽然新疆的出版、发行能力在全国并不占优，但新疆出版机构在丝路书香工程中的表现却较为亮眼，入选图书数量位居全国第 5 位。

表 2 - 1　入选"丝路"项目最多的机构、地域和作者

机构名称	入选数量（种）	所在地域	入选数量（种）	作者姓名	入选数量（种）
中国人民大学出版社	174	北京	1396	人民日报评论部	36
五洲传播出版社	172	浙江	150	曹文轩	25
社会科学文学出版社	139	安徽上海	48	沈石溪	16
中国大百科全书出版社	68	江苏	44	雷欧幻象刘慈欣汤书昆	12
外文出版社有限责任公司	58	新疆	39	陈来	11

从入选"丝路"项目图书作者的情况看，"人民日报评论部"入选图书数量 36 种，其推出的《习近平讲故事》《习近平用典》等图书被译成俄罗斯语、英语、法语、西班牙语等多种语言，在全球范围内广泛发行，从一个独特角度向世界讲述当代中国治国理政的理论与实践。此外，入选图书数量较多的作者，其推出的作品多为儿童文学、科幻文学作品。譬如，中国著名儿童文学

家曹文轩有 25 种作品入选,在国际上享有盛名的科幻文学作家刘慈欣有 12 种作品入选。此外,中国古典哲学研究者陈来的入选作品也较多,达 11 种。从学科类属看,这几位作者的图书作品基本属于政治、文学和哲学学科,而这几个学科的图书在全部入选图书中的占比也同样位居前列。

三、语种及区域

由表 2-2 可知,在丝路图书输出语种中,阿拉伯语图书数量高达 337 种,位居榜首,紧随其后的是英语和俄罗斯语图书,分别达 260 种和 222 种。据统计,在"一带一路"沿线国家,"以英语、阿语、俄语和中文为官方语言的国家同中国贸易量的总和达到 58%,其他语种贸易总量占'一带一路'国家沿线总贸易量的 42%",因此,阿拉伯语、英语和俄罗斯语这 3 个通用语种图书数量较多体现出丝路书香工程资助重点和"一带一路"经贸格局的内在相通性。

表 2-2 "丝路"图书输出语种

语种	频次(种)	语种	频次(种)
阿拉伯语	337	哈萨克斯坦语	68
英语	260	印地语	63
俄罗斯语	222	波兰语	60
越南语	121	蒙古语 泰语	46
土耳其语	72	吉尔吉斯语 僧伽罗语	41

与此同时,由于非通用语种国家在"一带一路"经贸格局中也占据十分重要的位置,因此,历年丝路书香重点翻译项目也资助了不少非通用语种的图书翻译项目,输出语种数量总数达 60 种。特别值得注意的是,大多数"一带一路"国家民族、语言情况错综复杂,不仅有"官方语言、国语、主体民族

语",还有大约 30 种"由政府认可的,对国家政治、经济、文化、安全等各个领域的发展至关重要"的"关键土著语言"①。根据本书的统计,除了柏柏尔语、库尔德语、达里语、鞑靼语、俾路支语、以班图语、阿非利卡语,目前,"丝路"图书输出语种已实现对其他关键土著语言的覆盖,覆盖率高达 80%。

四、学科及主题

本书依据中国图书馆图书分类法的分类标准,对全部输出图书的一级类目和二级类目进行了统计分析(见表 2 - 3),发现"丝路"图书覆盖了中国图书馆图书分类法全部 22 个一级类目,以及 73 个二级类目,学科分布十分广泛。输出图书数量超过 100 种的学科有 5 个,其中 I(文学)类、D(政治、法律)类和 K(历史、地理)类图书最多,分别高达 403 种、358 种和 355 种,紧随其后的 F(经济)类、T(工业技术)类图书输出数量也都超过 100 种。从一级学科类目看,P(天文学、地球科学)类、E(军事)类、Z(综合性图书)类和 S(农业科学)类输出图书数量最少,都少于 5 种。若将 E(军事)类和 Z(综合性图书)类图书排除在外,"丝路"图书覆盖的人文社科类学科数量和理工类学科数量相同,均为 10 个,但除了 T(工业技术)类、R(医药、卫生)类图书数量相对较多外,其他理工类学科图书数量都不多,理工类学科输出图书总量只占人文社科类学科图书数量的 13.7%。

表 2 - 3　"丝路"图书所属学科及子学科

一级学科类目	二级学科类目	一级学科类目	二级学科类目
I(文学)	I1,I2	U(交通运输)	U2,U4,U6
D(政治、法律)	D0,D5,D6,D8,D9	A(马克思主义、列宁主义、毛泽东思想、邓小平理论)	A7

---

①　徐启豪.加强"一带一路"沿线关键土著语言研究[N].社会科学报,2018 - 09 - 13(005).

（续表）

一级学科类目	二级学科类目	一级学科类目	二级学科类目
K（历史、地理）	K1,K2,K3,K81,K89,K9	O（数理科学和化学）	O1,O4,O5
F（经济）	F0,F2,F3,F4,F5,F6,F7,F8	V（航空、航天）	V2,V4,V5
T（工业技术）	TB,TD,TE,TH,TL,TK,TM,TN,TP,TQ,TS,TU,TV	Q（生物科学）	Q5,Q7,Q9
J（艺术）	J1,J2,J3,J5,J6,J7,J8,J9	X（环境科学、安全科学）	X3,X5
B（哲学、宗教）	B0,B1,B2,B8,B9	N（自然科学总论）	N0,N4
G（文化、科学、教育、体育）	G0,G1,G2,G4,G8	S（农业科学）	S0,S1,S2,S5
H（语言、文字）	H0,H2,H1,H3,H4,	Z（综合性图书）	Z1,Z2,Z3
R（医药、卫生）	R—0,R2,R7,	E（军事）	E1,E2,E8
C（社会科学总论）	C9,C95,	P（天文学、地球科学）	P1,P2,P3,P4,P5

　　若进一步从图书主题观察（见图 2-1），可以发现入选丝路书香工程重点翻译资助项目的图书，具有三个方面的重要特征。

　　其一，中国文学与文化类图书是"丝路"图书的主体，但文学类图书偏重当代，文化类图书偏重传统。入选"丝路"项目的 403 种文学类图书涵盖中国古代文学、中国现代文学、中国文学研究等多个主题，但这些主题的图书主要集中在《西游记》《儒林外史》《围城》等经典性作品图书，数量和品类都远不及入选数量分别为 202 种和 151 种的中国当代文学、中国儿童文学图书。与文学类图书偏重当代不同，中国文化类图书则偏重传统，既包括多个版本

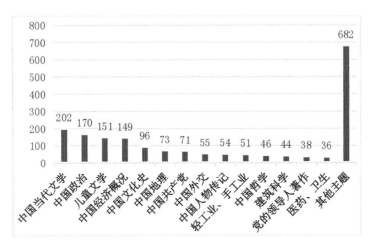

图 2-1　"丝路"图书主要涉及的主题

的中国文化史或中国文化概说,如《中国文化 ABC》《中国文化常识》等,也包括中国古代哲学的原典、注疏及讲义,如《论语译注》《孔学今义》等,此外还有一些中国文化与思想的研究著作,如《儒释道耶与中国文化》《龙凤呈祥:中国文化的特征、结构与精神》等。

其二,面向世界,讲好中国故事、中国经验,特别是讲好当代中国治国理政的探索与实践的理念得到凸显。当前,世界正处"百年未有之大变局",随着全球新兴国家经济、技术及话语实力的增强,西方国家长期高举的"市场经济—自由民主"模式的有效性和全球吸引力明显减弱,与此同时,以"一带一路""人类命运共同体"等为核心,中国正以富有建设性的姿态参与并稳步推进全球政治经济治理体系的变革,更具包容性和可持续性,"中国的治国理政经验拓展了发展中国家走向现代化的途径,给世界上那些既希望加快发展又希望保持自身独立性的国家和民族提供了新的借鉴。"[①]正因为此,近年来,"相对于历史题材和传统题材,国际出版市场对当代中国的关注成为最大的需求增量。"[②]可以发现,偏重于阐发中国道路的"硬核"图书正是"丝

①　陈雪莲.治国理政经验的国际传播[J].对外传播,2018(07):7-9.

②　易文娟.我国主题出版"走出去"的成就与经验[J].出版参考,2019(09):26-28.

路"图书国际发行的一个亮点,譬如《习近平谈治国理政》被译成 20 余种语言在全球发行,截至 2018 年 1 月,累积发行量已超过 600 万册,"成为改革开放以来在海外最受关注、最具影响力的中国政治文献"①,《中国共产党怎样治理腐败问题》《中国共产党怎样解决发展问题》《中国共产党如何应对挑战》《中国共产党是怎样执政的》等从多个视角阐发中国共产党治理国家的经验和探索等。

其三,无论是文学、文化主题图书,还是经济、政治主题图书,"史论"与"概说"都是其最主要的编辑形式。在综合考虑发行方便和海外读者接受程度的基础上,"丝路"项目图书更多采取了"史论"或"概说"的编辑形态。一般而言,此一类型的图书论述主线较为集中,既能在相对短小的篇幅内,帮助读者了解某一问题的来龙去脉和基本情况,也能为期待更深入认识问题的读者提供知识图谱和索引。譬如,虽然在全部的"丝路"图书中,经济类学科图书数量并不是最多的,但若从更为细致的图书主题来划分,中国经济概论主题图书的数量却十分亮眼,这一类图书总体性勾勒新时期中国经济发展的基本面貌(如《中国经济发展的轨迹》),或者讲深、讲透当代中国经济变革的关键议题(如《中国供给侧结构性改革》),或者针对影响中国经济发展的全局性问题进行释疑解惑(《破解中国经济十大难题》),有效促进了中国经济故事的全球传播。

---

① 阮东彪.《习近平谈治国理政》国际传播研究态势[J].湖南第一师范学院学报,2018,18(01):50-55.

第三节　中国出版国际传播的反思与展望

近年来,国内出版界显著加大"一带一路"国家和地区出版市场开拓力度,不仅为中国出版"走出去"战略的推进开辟了新的渠道,提升了中国出版的国际竞争力,也在无形中促进了中国故事和中国故事的全球传播,成效十分显著。然而,与"一带一路"倡议的战略性意义相比,中国出版"走出去"的工作仍然有待改进。

首先,"一带一路"出版合作是"一带一路"文明互鉴与民心相通建设的重要组成部分。当前,中央和地方各级政府,特别是新闻出版工作主管部门都积极制定响应的政策或规划,为中国出版"一带一路"走出去提供政策与资金保障。不过,由于不同省份的政策目标和政策工具雷同度较高,"一带一路"出版"走出去"过程中的无序竞争现象较为常见。"一些出版社存在急于求成的急躁情绪,导致了一些输出产品和版权质量不高、内容低端,有损于中华文化的声誉。在某一输出国国内,中国出版社扎推,形成自相残杀的恶性竞争。在项目合作方面国内资源与国外设置未能充分共享。发展不平衡,有些国家过热,有些国家过冷等问题,突显无序。"①这些现象的存在显然无助于中国出版国际竞争力的提升。

其次,虽然入选"丝路"项目的图书所属学科和主题包容万象,但究其大体,绝大多数都可谓中国主题图书。譬如,F(经济)类图书涵盖 8 个经济学二级学科门类,但却没有一本属于 F0(经济学)和 F1(世界各国经济概况、经济史、经济地理)的图书。这意味着几乎全部的经济类图书都是关于中国或中国某个行业、区域经济情况的介绍和研究。虽然中国主题图书的海外传播有助于增强国际民众对中国情况的了解,但"先进的世界观"才是"一个民族引领世界的首要贡献","如果一个民族没有比曾经引领世界的民族具有

---

① 樊文.柳斌杰:共建"一带一路"出版合作机制 让出版走出去"走深走实"[N].国际出版周报,2019-08-12(003).

更先进的世界观,这个民族就无法走向世界,更不能引领世界"①,中国出版要真正地走向世界,就不能仅仅满足于提供中国主题的出版产品——这将把中国出版"走出去"窄化为中国主题出版物"走出去"——而应该推出更多探讨相关领域普遍性问题,或者基于中国的视角和方法,研究世界其他国家和地区的图书,提升中国出版在"解释世界"上的话语能力。

第三,虽然入选"丝路"项目的图书所属人文社科类学科数量和理工类学科数量相同,但和人文社科类图书比,理工科类图书不仅数量少,所覆盖的二级学科门类也很不丰富。即便是录得图书数量较多的 T(工业技术)类、R(医药、卫生)类图书,若仔细辨析,也会发现其中的大多数其实带有历史书籍或通识书籍的性质,与真正意义上的科技图书,相去甚远。譬如,在 T(工业技术)类图书中,不少图书如《服饰史话》《图说中国古代四大发明:印刷术》虽然也会涉及轻工业、手工业等工业技术专门领域的科技问题,但图书的重点其实是在介绍中国传统文化,而这同样也是不少 R(医药、卫生)类图书如《中国文化·医药》《你了解中医学吗?》著述与发行的主要目的。

在上述分析的基础上,本书认为,为进一步加强中国出版"走出去"工作,为"一带一路"倡议的顺利推进提供"出版支撑",我国出版界可以从如下三方面努力,开创中国出版"一带一路"走出去的新局面。

第一,针对中国出版"一带一路"走出去缺乏整体规划的情况,我国首先应组织专业力量,对我国与"一带一路"国家出版合作发展现状进行深度调研,通过科学的方法测量我国与不同国家出版贸易的增长空间。其次,我国应建立相应的部省协调机制,加强中央部委和相关省份在政策、规划制定过程中的协调与沟通,使得各个省份都能根据自身特点制定"一带一路"出版"走出去"规划。此外,我国还应顺应全球新闻出版产业发展趋势,积极推动融合出版、境外投资、人才培养等中国出版国际传播能力建设专门领域的规划工作,推动构建全方位、多层次、宽领域的"一带一路"出版"走出去"生态。

---

① 张文木.通过"一带一路"看世界治理体制的中国方案[J].世界社会主义研究,2017,2(08):26-28.

第二，重视理论研究书籍和国际问题研究书籍在"一带一路"国家的出版发行工作。长期以来，全球信息与知识流动往往由西方国家所主导，西方国家的知识界和出版界大量生产关于自身、关于他人、关于世界的知识，并借助强大的政治经济实力，以及全球出版发行能力，影响着世界上其他国家和地区人们对世界，乃至对自身的认识。相形之下，非西方国家的知识生产总体而言偏向于经验性、在地性。"一带一路"倡议及其背后的中国特色社会主义实践，作为"一个综合了历史文明和社会主义的机会，一个将独特性和普遍性、多样性与平等结合起来的计划……"①，内在地包含了某种全新的世界观和方法论。就此而言，更有价值也更全面的中国出版"走出去"，其所提供的就不应只是关于中国主题的出版产品，而应加大推动中国学术界理论研究、国际问题研究精品著作的编辑、策划与全球发行，使中国出版"走出去"的过程真正能与带有中国主体性的世界观生发过程，以及全球政治经济秩序转型过程同向同行。

第三，利用"一带一路"倡议战略机遇，推进沿线国家科技出版合作与交流，促进中国科技出版产品"走出去"。科技创新在"一带一路"建设中发挥着重要的支撑和引领作用，而科技出版正是"一带一路"科技创新合作的重要环节。当前，"一带一路"沿线多个国家的出版商已明确表示"一带一路"学术出版合作，"丝路书香工程"等中国出版"走出去"项目也对中国科技图书版权的输出提供了一定的支持，但总体而言，我国科技出版"一带一路"走出去的步伐不够积极，不仅"科技"含量不足，也较为缺乏针对性。因此，我国应在"丝路书香重点翻译资助项目""一流科技期刊建设"等项目中，设立科技出版国际化建设专项，资助国内优秀科技图书、科技期刊在"一带一路"国家和地区的出版发行。此外，科技出版实力较强的出版机构也应加强与沿线国家科学界、出版界的合作，准确把握当地社会在科技领域的"痛点"和需求，组织编写有针对性的科技图书，增进我国科技成果在"一带一路"沿线国家的影响力及现实转化。

---

① 　汪晖.两洋之间的文明(下)[J].经济导刊,2015(09):14-20.

第三章　中国出版国际传播的机遇与挑战

　　当今世界,正值百年未有之大变局。在变局期,新兴大国的崛起除了会加速世界经济、政治格局的重组,还会带来全球文化格局的深度调整,引发意识形态、文化安全领域的激烈斗争。如果说互联网行业文化出海是近年来中国文化"走出去"的靓丽风景,那么美国对华为等中国互联网公司的制裁,其立足点就不仅关乎贸易或科技,更是对中国参与国际文化领导权竞争的强势阻截。21世纪以来,出版"走出去"相关政策规划的实施,为中国故事的全球传播提供了有力支撑。[①] 在"百年未有之大变局"下,出版界亟待重新体认出版传播维护国家文化安全的重要功能,思考大变局给出版"走出去"带来的机遇和挑战,为加强和提升中国文化国际竞争力做出更加突出的贡献。

第一节　大变局下中国出版国际传播的挑战

　　21世纪以来,虽然中国出版"走出去"的过程始终面临距离效应的困扰,

[①]　王大可."走出去"指引下的中国出版业国际化之路[J].科技与出版,2020(03):99-103.

但基于某种良性的竞争与互补关系之上的全球化思想始终是推动中国出版"走出去"的底色,如研究者所说,正是"全球化语境"决定了中国出版必须具有"国际化视野"①。在大变局下,世界"逆全球化"风潮萌发,各国民粹主义、文化排外等现象日趋严重,支撑出版"走出去"的前提和假设受到一定的冲击。

一、"逆全球化"风潮给出版"走出去"带来制度合作性危机

21 世纪以来,全球化的深入发展既促进了各种资源和生产要素的跨境流动及优化配置,也在一定程度上导致全球贫富差距扩大,不仅一些发展中国家难以跃出低收入陷阱,即便是一些发达国家,也因为全球经济一体化出现产业和资本外流相对实力下降等现象,最终形成了普遍的"反全球化的民意诉求",欧美发达国家维护全球化的动力出现不同程度的弱化②。

世界范围内的"逆全球化"风险不仅体现在经济和贸易领域——譬如,不少国家都出台了保护主义的经济和贸易政策,试图推动产业回流本国——也在文化、意识形态和价值观领域有较为集中的体现。2016 年 11月,《欧盟反击第三方宣传的战略传播》决议案公布。同年 12 月,美国通过《反宣传法案》。2018 年,美国退出联合国教科文组织……出台一系列针对特定人群的歧视性政策,阻碍正常的国际文化交流与合作……这些保守性甚至敌对性的政策为出版"走出去"和跨文化传播带来"信息共享、对话交流与制度合作性危机"③。

二、形形色色的"中国威胁论"破坏了出版"走出去"外部环境

从 20 世纪 90 年代开始,国际舆论场上就反复出现"中国威胁论"的声音。不过,和欧美国家比,当时中国的综合实力还存在显著的差距,因此,西

---

① 刘玉军.试论全球经济一体化背景下中国图书"走出去"[J].北京印刷学院学报,2008(05):12-15.

② 张刚生,严洁.论美欧发达地区的逆全球化现象[J].国际观察,2020(02):124-156.

③ 于运全.逆全球化语境下的跨文化传播新动向[J].新闻与写作,2020(03):1.

方主流社会对"中国威胁"并不十分重视。然而,近四五年来,中国各方面实力迅速提升,逐渐形成并提出自主性的全球治理主张,西方国家有关媒体和智库以"中国威胁论"为名,发起了针对我国的新一轮舆论攻势。

和以往相比,新一轮"中国威胁论"不仅牵涉范围更加广泛——几乎整个西方世界及其盟友都参与了相关话题的制造——还格外针对了所谓中国在意识形态和价值观层面的威胁。譬如,由美国《外交》杂志上刊登的一篇智库报告首次提出,并得到西方国家媒体和智库广泛呼应的"锐实力"概念,就指责中国开展的人文交流、教育与传媒国际化等项目,"以各种宣传手段达成文化政治目标"[1],呼吁"民主国家"通过采取对中国背景的传媒文化国际合作项目进行更严格的审查等措施,"在文化和意识形态领域对中国发起攻势"[2],保持所谓西方价值观的独立性。在此背景下,作为提升国家形象、传播中国声音重要举措的出版"走出去"战略,势必面临愈加严峻的外部环境。

三、美国对华"全面攻势"进一步强化了出版"走出去"风险

2017 年以来,以主动挑起对华"贸易战"为发端,美国政府对华政策的基调从"接触"与"防范"并行逐渐转变为全方位的战略竞争。虽然目前美国对中国的遏制政策还没有达到"新冷战"的强度,但其在政治、经济、科技、意识形态等多个领域对我国的全面围堵,已经在事实层面上不断引发世界有关国家在中美之间的"站队",强化了出版"走出去"的风险。

近几年,业界和学界普遍认为,面对中美贸易摩擦带来的东西文化壁垒,中国互联网企业完全可以主动作为,发挥技术优势,蹚出中国文化"走出去"的新路。"作为自带'全球化基因'的互联网行业,其借助文化内容产品出海能够激发人民情感上的共鸣、促进相互理解",我国互联网行业数字文化出海模式"对打破西方社会对中国的'刻板印象'"起到了重要作用[3]。然

① 王维佳.识别一个新的旧世界[J].对外传播,2018(04):16-18.
② 刘国柱."锐实力"论与美国对华战略环境的转变[J].美国研究,2019,33(02):88-106+7.
③ 闫昆仑.2018 年中国互联网行业文化出海分析[J].国外社会科学,2019(02):105-111.

而，从美国对华为、字节跳动、微信等中国互联网企业的极限打压，以及相关打压在印度等国家引发的连锁反应看，中国出版"走出去"的数字化之路同样风险重重。

四、新冠疫情与大变局的叠加严重扰乱出版"走出去"的常规模式

新冠疫情是近百年来人类遭遇的影响范围最广的全球性大流行病，其与"世界未有之大变局"叠加，对国际政治经济格局产生了深刻的影响，也极大干扰了出版"走出去"多年来形成的运作模式。譬如，经过多年努力，目前中国出版已形成实物出口、版权输出、资本输出齐头并进的格局，但在新冠疫情的影响下，世界各国都加强了对跨境人流和物流的管控，不仅国际物流成本激增，还阻断了常规的版权洽谈和输出通道。"尽管有些业务可以通过网络进行，但是在必要的图书展示、版权业务探讨和洽谈沟通方面，网络还是无法完全替代的"，在很多时候，出版机构只能勉力"维持原有合作的友好联系，很难开展新的合作"①。

第二节　大变局下中国出版国际传播的机遇

虽然在百年大变局下，保护主义和单边主义上升，全球化发展遭遇逆流，但多层次、多领域的国际交往与合作仍是人类文明进步与世界和平发展的客观要求，特别是面对百年变局和新冠疫情叠加的挑战，我国仍坚定执行对外开放的基本国策，在此背景下，作为面向国际舞台，展现中国形象的关

---

① 戚德祥.新冠肺炎疫情对中国出版走出去的影响及应对策略[J].中国出版，2020(13)：22 - 27.

键载体,出版"走出去"仍处于重要的战略机遇期。

一、"人类命运共同体"理念重塑出版"走出去"思想根基

世界面临百年未有之大变局,全球治理秩序遭逢严峻挑战,但引发"逆全球化"风潮的根源并未因有关国家的单边主义政策而消除,世界各国对推动全球治理体系变革、重塑全球合作基调的诉求反而日益迫切。为进一步推动全球互联互通,同时扭转原来西方世界主导的全球化进程中的多方利益失衡局面,从2013年开始,中国党和国家领导人多次公开阐发"人类命运共同体理念",倡导建立互利共赢、公正合理、求同存异的国际新秩序。2017年2月,"构建人类命运共同体"被写入联合国决议,标志着世界各国对这一理念的广泛认同。

作为应对"逆全球化风潮"的有效路径,"人类命运共同体"为中国出版"走出去"提供了新的思想根基。当前,全球传播秩序是高度不均衡、不公正的,西方国家凭借技术、资本和渠道优势,不断强化在世界传播秩序中的主导地位,"在对发展中国家进行经济干预的同时,又将矛头直接指向这些国家的意识形态和民族文化,从而使发展中国家的经济与社会价值体系双重受创"[①]。与此不同,"人类命运共同体"所对应的新的全球传播架构赋予"全球南方"更加充分地在世界舞台上讲述自我的空间,为消解当前全球传播秩序中的不均衡和不公正提供了替代性方案,自然也就为我国积极推动传媒出版出口,提高本国文化的国际知名度和影响力,并以此参与更加均衡和普惠的全球传播秩序的创建提供了理论和道义支撑。

二、"一带一路"倡议战略布局引领出版"走出去"重心转移

"一带一路"是我国在"逆全球化"风潮背景下,推动人类命运共同体构建的主要实践路径之一。"一带一路"不仅在平等互助、合作共赢的基调上,把"亚欧大陆分散、断裂和割裂的资源、生产、服务和消费连接起来"[②],还以

---

①　李本乾.媒介经济与中国经济[M].上海:上海交通大学出版社,2010:1.

②　陈文玲."一带一路"建设开启新全球化伟大进程[J].人民论坛·学术前沿,2017(08):6-16.

其固有的开放性,吸引并鼓励非沿线国家在认同"一带一路"基本原则的基础上加入进来,在真正意义上实现了全球产业链、供应链和价值链的共融共通。

在"一带一路"倡议下,中国出版"走出去"的视野与格局实现了从欧美"小世界"向全球"大舞台"的转变。长期以来,中国出版"走出去"的对象主要是同属中华文化圈的周边国家和地区。21世纪以来,随着出版"走出去"战略的实施,中国出版界加大了开拓欧美发达国家图书出版市场的力度。2014年以来,在"一带一路"倡议指引下,中国出版"走出去"的格局和重心发生了较大的变化。截至2018年年底,我国出版界对"一带一路"国家和地区的版权输出总量在我国版权输出总量中的占比即超过了55%[①]。

三、新冠疫情的有效应对增强出版"走出去"感召力

政治制度、发展道路与民族文化的吸引力是一国文化产品在全球广泛传播的前提。二战以来,特别是"冷战"结束以来,美国文化产品之所以能在全球大肆扩张,除了资本实力、渠道实力等"技术"方面的原因,更在于作为世界秩序的主导者,美国成功激发了世界相当一部分国家和民众对其政治制度、经济模式、生活方式的热切认同,似乎将"美国梦"变成了世界各国"共同的梦"。

然而,应对2020新冠疫情的失败严重消耗了美国国家制度的公信力。2020年9月11日联合国大国通过一项应对新冠疫情大流行的广泛决议,得到169个国家的支持,只有美国和以色列投了反对票,凸显了美国在国际社会的孤立形象,用《时代》周刊封面故事的评价来说,新冠疫情削弱了美国,让它暴露出系统性的分裂。"意识形态很难争论清楚,但疫情防控的好坏大家都能看得见"[②],在中国共产党的领导下,我国不仅在较短时间内实现了疫情防控和复工复产双推进,还秉持人类命运共同体理念,坚定支持国际合作

---

① 樊文.柳斌杰:共建"一带一路"出版合作机制 让出版走出去"走深走实"[N].国际出版周报,2019-08-12(003).
② 赵鼎新.新冠疫情与中国改革[J].文化纵横,2020(04):69-77.

抗疫,极大增强了我国国家制度和发展道路的吸引力、感召力。近年来,不少出版界有识之士已经认识到,国际民众和知识界越来越渴望了解中国正在发生的事情,可以想象,受益于疫情防控中的卓越表现,国际社会将更加渴求与当代中国有关的知识和信息,从而为中国故事的传播与扩散注入强劲的动力。

第三节　大变局下中国出版国际传播的发展路径

在百年大变局下,出版"走出去"既面临严峻的挑战,也具有难得的机遇。事在人为,本书认为,出版"走出去"要在变局中开新局,应该着重加强如下几方面的思考与实践。

一、坚持先进世界观引领,增强出版"走出去"的文化自信

"一个民族要走向世界,首先给世界贡献的不是国内生产总值,而是世界观。"[①]长期以来,欧美发达国家之所以能牢牢掌控世界信息与知识流动的主导权,一个重要的原因就是其发明了一套关于什么是"文明"、什么是"现代"的话语体系。在这套话语体系的笼罩下,非西方世界被牢牢锚定在"过去"或者"他者"的位置上,而西方世界才代表着"唯一"的"未来"。一个典型的例证是,西方知识界和出版界大量生产和传播关于自身、关于他人、关于世界的理论知识,在很大程度上左右了世界其他国家和地区人民对自己、对西方和对世界的认知,而非西方世界所提供的往往只是经验性的著述或

---

① 　张文木."一带一路"与世界治理的中国方案[J].世界经济与政治,2017(08):4-25+156.

材料。

不过,在百年未有之大变局下,世界意识形态领导权的位置正在发生变化,西方世界主导性论述对世界发展趋势的解释力和判断力受到质疑,当代中国治国理政的理论与实践日益得到世界各国人民的认同。在此背景下,出版界应抓住百年变局的宝贵机遇,将先进世界观和文化自信落实到出版"走出去"工作的各个环节,不仅致力于讲好中国故事、展现中国形象,更致力于用中国理论、中国视野讲好世界故事,使中国出版"走出去"过程与带有中国主体性的世界观生发过程,以及全球政治经济秩序转型过程同频共振。

二、做强、做优国内图书市场,促进出版"走出去"高质量发展

国内图书市场是出版"走出去"最重要的资源库。从世界出版强国经验看,做强、做优国内图书市场,是一国出版业竞逐国际竞争优势地位的前提。美国和英国是世界公认的出版强国,据统计,2018 年,英美两国纸质新书出版品种数分别达 19.47 万种和 18.80 万种,几乎是第二梯队俄罗斯、日本、德国等国的 2~3 倍[①]。改革开放以来,中国出版业从小变大、由弱到强,成绩显著。然而,面对新时代、新需求,无论是在供求结构、数量和质量结构、传统出版物和数字出版物结构等宏观层面上,还是在内容品质、编校质量、装帧设计与印刷质量等微观层面,中国出版业都仍有相当大的优化空间[②]。这些问题投射在出版"走出去"领域,便是较为常见的无序竞争现象,"一些出版社存在急于求成的急躁情绪,导致了一些输出产品内容低端……"在某些国家,"中国出版社扎堆,出现恶性竞争"[③]……如此种种构成了中国出版国际竞争力提升的关键障碍。

鉴于此,出版界应着力推进供给体系革新,根据市场需求分布的实际情况,打造不同规模、不同领域的优质出版企业集群,压缩、整顿低质、低效出版企业的存在空间,最大限度实现人才、信息、物质等各类出版资源的优化

---

① 范军.百舸争流千帆竞[J].出版发行研究,2020(07):29 - 37.
② 方卿,张新新.推进出版业高质量发展的几个面向[J].科技与出版,2020(05):6 - 13.
③ 王大可."一带一路"背景下中国图书出版"走出去"的思考[J].国际传播,2020(02):86 - 96.

配置。此外,出版企业也应在国家出版"走出去"相关资助计划的引领下,主动摸排企业优质产品和国家阶段性、长远性外宣需求的扭结点,实现对内出版和对外出版的深度融合,为出版"走出去"提供更为丰富的选择和参照。最后,编辑出版工作者也应逐步实现角色定位从单纯的内容策划者、文字编校者向更为立体的知识服务者、产品运营者的转变,既注重提高编辑策划水平和精品培育能力,也注重提高运用大数据和人工智能技术,采集、分析及预测市场需求的能力,以生产模式和营销能力的创新为提升出版"走出去"质量保驾护航。

三、切实做好"一带一路"出版交流与合作大循环

"一带一路"沿线国家和地区人口 46 亿,超过世界总人口 60%,GDP 总量也达到 20 万亿美元,约占全球的三分之一,民族、语言和文化形态也极为丰富。可以说,作为联通世界的纽带,"一带一路"将成为世界经济与贸易发展的新增长极和促进世界文化交流、文化传播和文化贸易协调发展的关键环节。

近年来,出版界在国家政策引领下,加大"一带一路"出版市场开拓力度,取得了显著的成绩。不过,由于"一带一路"国家图书出版市场发展程度不一,与我国的政治距离、文化距离等也各有不同,"一带一路"出版"走出去"明显存在投入大、交叉多、重数量、轻质量,出版"走出去"的经济效益和社会效益都未得到充分发挥等方面的不足①。鉴于"一带一路"出版市场极端复杂的现状,国家有关部门应牵头组织"一带一路"出版市场专项调研,摸清"一带一路"国家出版合作与交流的现状,评估"一带一路"出版贸易需求和潜力。在此基础上,制定促进"一带一路"出版"走出去"的专项行动计划,为推动"一带一路"出版"走出去"提供方向性指引。此外,相关出版机构也应充分认识到"一带一路"出版"走出去"的战略价值,加强版贸信息和版权资源的共建共享,搭建协同互助平台,实现"抱团出海",提升"一带一路"出

---

① 甄云霞.服务"一带一路"倡议 推动国际出版合作高质量发展[J].科技与出版,2020(01):6-15.

版"走出去"的能力。

四、加强新技术运用，实现出版"走出去"模式升级

近年来，随着数字技术的发展，国际传播生态发生了深刻的变革，互联网、移动互联网日益成为一国文化对外传播的关键平台。与欧美发达国家比，我国在传统主流媒体传播渠道影响力上仍较为欠缺，但得益于互联网技术与产业生态的蓬勃发展，我国在全球数字传播领域"弯道超车"，取得了较大的进展。譬如随着传统出版与数字出版的融合发展，电子书、数据库等新兴出版形态的市场潜力越来越大，而在这一领域，我国已有多家有一定全球影响力的电子图书出版公司，仅方正阿帕比技术有限公司就为全球 8 000 余学校、公共图书馆等机构用户提供数字资源和数字图书馆软件相关服务。

目前，"一带一路"大多数国家互联网普及率都达到了 60% 以上，并且互联网"无线化"的趋势十分明显，出版界应充分发挥中国在人工智能、互联网等领域的技术和商业模式优势，加强数字出版、数字文化产品研发力度，构建基于互联网和移动互联网的立体化精品出版产品体系，推动数字出版产业生态构建。此外，还应加强数字出版"走出去"过程中产生的多源异构数据采集与分析，及时了解多元受众对中国出版产品的认知与态度，实现出版"走出去"供应、发行和用户的精准匹配和动态优化。

面对百年未有之变局，中国出版"走出去"处在危机与机遇共存的重要关头。中国出版界应牢牢把握世界和中国局势变化的主线，树立全局观、开拓国际视野、坚定文化自信，积极应用新技术，促进出版"走出去"的模式升级，为加强和提升中国文化国际竞争力、影响力和感召力做出新的贡献。

第四章 中国出版国际传播的变局与前景

    2008 年金融危机爆发之后，由于未能找到解决制约经济发展痼疾的有效路径，西方主要国家都出现了不同程度的反全球化运动。近年来，由于经济发展持续低迷，国内矛盾日益加剧，社会上的民粹主义加速抬头，西方国家对内、对外政策上的保守、排外倾向日趋明显，早先零星的反全球化运动演变为建制性的"逆全球化"风潮，不仅带来全球经济衰退的风险，还引发全球治理秩序的危机和国际传播格局的深刻变革，冲击了出版"走出去"的理论根基。在世界秩序新旧交替的关键时期，学术界亟待再次体认出版业在维护国家意识形态安全中的价值与功能，重新思考出版"走出去"的"何以可能"和"何以可为"。

第一节 "逆全球化"趋势下的国际传播变局

一、全球经济增长乏力，严重影响各国文化消费需求

    21 世纪初，以中国加入 WTO 为标志，全球经济一体化进程步入快车道，各国之间的贸易壁垒逐步削减，各类生产要素得以在世界范围内流动和

配置,世界经济长期保持旺盛增长势头。据统计,全球经济年均增幅5%,世界贸易年均增长10%,是历史上增长最快的时期①。在经济增长的刺激下,出版产品的国际流动显著增强,中国出版产品出口额在2003年至2012年的10年间增长3.5倍,平均年增速高达19.3%。

不过,近年来,在"逆全球化"风潮影响下,全球经济增长速度放缓与各国贸易保护主义政策相互影响,形成负面循环。2015年至今,国际直接投资(FDI)增幅不断下降,全球贸易动量指数在2019年年初出现九年来的首次下跌,世界银行等机构纷纷下调全球经济增长预期。受此影响,中国出版产品年度实际出口规模缩小明显,其中2016年的出口规模甚至较前一年大幅下降10.76%,2017年和2018年的出口规模虽然较2016年有所反弹,但并未恢复到2015年的水平。

2020年新冠疫情的全球肆虐导致全球经济陷入严冬,也严重扰乱了中国出版"走出去"的常规模式。在2020年上半年,国内外物流、印刷行业等长期停工,图书印刷和运输成本激增,面向欧洲疫情严重国家的图书出口贸易长达数月处于零订单、零询价的阶段。此外,大多数境外国际书展被迫取消或延期举办,中外图书版权洽谈受到极大的影响②。虽然2020年第3季度,对外出版贸易热度有所回升,但随着欧美国家在冬季再次进入疫情高峰,短期内,中国出版"走出去"的前景仍不明朗。

二、全球治理困境重重,侵蚀国际传播制度合作性根基

20世纪90年代以来,随着经济全球化的发展,世界各国的沟通和碰撞愈加频繁。在面对全球化带来的各类世界性问题时,越来越多的国家,特别是西方发达国家首先意识到加强国家间协调与合作的重要性。1995年,联合国所属全球治理委员会发布《我们的全球伙伴关系》研究报告,标志着"全球治理"理念得到世界大多数国家的认同。与此同时,作为全球治理的"文

---

① 吕邦安.经济全球化发展的若干新特征[N].中国经济时报,2007-06-21(004).
② 戚德祥.新冠肺炎疫情对中国出版走出去的影响及应对策略[J].中国出版,2020(13):22-27.

化反应",世界各国间的信息、观念、文化乃至价值观的交流与互动也日益频繁,国际文化交流与合作的广度和深度、频率和效率都达到了人类历史上前所未有的高度。

然而,无论是西方国家推动的经济全球化进程,还是其倡导的全球治理模式,在本质上都是新自由主义—资本主义全球扩张的表现形态,既无意也无力解决内在于资本主义发展的不平等、不平衡问题。根据世界银行等机构发布的统计数据,伴随着全球化进程的深化,个体、国家、区域间的发展鸿沟不断加深,"1995 年至 2014 年,世界财富总额……增长近 66%,而撒哈拉以南非洲国家财富增长率仅为 1%……"①与此同时,西方国家的劳动密集型产业加速向发展中国家转移,从而导致本国出现产业空心化现象,中下阶层的就业难度增大,形成了将经济全球化视为罪魁祸首的广泛民意。对此,西方主要国家领导人非但不正面思考如何补强过往全球化政策的不足,反而"利用这个话题对内操弄人心、汲取权力,对外按照自身利益重新'定义'全球化"②,大行保护主义经贸政策,不断加剧国际社会的分化,全球治理面临严重的赤字问题。

全球治理的困境不仅体现在政治经济层面,也在文化与传播领域有十分明显的体现。2016 年年底,欧盟、美国等陆续出台《欧盟反击第三方宣传的战略传播》《反宣传法案》等具有鲜明针对性的对外宣传法案。2018 年以来,美国将多个中国国家媒体列为所谓"外国代理人"和"外交使团",美国主要社交媒体也多次以"假新闻"为名,关闭数千个所谓与中国大陆或与中国政府有关的账号……这些限制性、歧视性政策导致"不同文化要素在全球社会中的移动与变迁受到阻碍",也是中国出版国际传播能力建设面临"信息共享、对外交流与制度合作性危机"和全球层面的严峻挑战③。

---

① 吴志成.全球发展赤字与中国的治理实践[J].国际问题研究,2020(04):20-41+138-139.
② 冯维江."逆全球化"将去向何方[J].人民论坛,2019(17):122-123.
③ 于运全.逆全球化语境下的跨文化传播新动向[J].新闻与写作,2020(03):1.

三、各国文化排外现象严重，跨文化传播不确定性增强

21 世纪以来，虽然始终面临各类"距离效应"的困扰，但基于良性的普遍主义和特殊主义辩证关系之上的"全球场"思想始终是支撑中国出版"走出去"的思想底色。正如全球场思想既强调对"全球人类状况"或文化普遍性的关注，也在思想内部给民族文化特殊性的主张留下了思想空间，中国出版"走出去"的基本动机既包含"参与全球文明对话的文化普遍主义的诉求愿望"，也包括"讲好中国故事、传递中国文化的特殊使命"①。然而，在"逆全球化"背景下，各国民粹主义盛行，文化排外乃至文化霸权现象日趋严重，支持中国出版全球传播的思想前提受到相当程度的冲击。

譬如，虽然设立专门的机构推广本国的语言和文化，乃至进行一些国际文化交流与公共外交活动，是世界各国的通行做法，也是后发国家提升本国文化影响力的应有权力，但近年来，美国等西方国家一方面鼓吹所谓"言论自由"，加大全球意识形态输出力度。另一方面，又以国家文化安全为名，对中国等国家正常的国际文化交流项目施加不必要的限制。2017 年以来，欧美不少国家媒体和智库大肆炒作"锐实力"概念，指责中国通过建立孔子学院、实施各类传媒出版国际化项目，对其他国家的政界、媒体和学术界进行渗透和分化，影响了所谓西方价值观的独立性，呼吁西方国家尽快采取行动，加大对具有中国背景的国际传媒文化合作项目的审查，"在文化和意识形态领域对中国发起攻势"②。在此背景下，出版"走出去"作为我国国际传播能力建设系统工程的重要组成，势必面临更加严峻的传播环境。

四、中美竞争向网络空间延伸，互联网出海路径遭受冲击

得益于庞大的互联网人口、丰富的应用场景需求和富于弹性的监管政策，虽然中国互联网发展起步较晚，但发展十分迅速，基于互联网和移动互联网的新业态、新模式层出不穷，具有很强的溢出效应。譬如，在网络动漫、

---

① 张丽燕."全球场"[J].中北大学学报(社会科学版),2020,36(04):131－135＋139.
② 刘国柱."锐实力"论与美国对华战略环境的转变[J].美国研究,2019,33(02):88－106＋7.

网络文学等领域,我国已涌现出一批具有区域乃至全球影响力的出海平台。在国际社交网站 Reddit 发起的"2018 年最受欢迎的翻译小说"投票中,中国网络文学作品包揽了前五名。不少研究者认为,互联网行业文化出海是提升出版"走出去"能力,增强国家文化软实力的创新路径①。

然而,2016 年以来,美国以所谓"国家安全"为借口,先后对中兴、华为等中国互联网企业实施制裁,旨在通过封锁中国互联网企业的全球供应链,打击中国在 5G 等互联网前沿技术领域的创新优势,进而达到遏制中国高科技全球崛起的目的。2019—2020 年间,美国先后启动针对抖音国际版(TikTok)、微信等中国互联网应用企业的调查,并最终决定通过立法禁用 TikTok、微信等中国应用程序……如果说互联网是美国推行其政治制度和价值观,维系全球文化霸权的重要工具,那么美国将中美两国在互联网领域的竞争上升为国家战略层面的对抗,其动因就不仅停留在贸易和科技层面,更是对中国参与互联网国际话语权竞争的强势阻截,而从美国相关行为在印度、澳大利亚、英国等国引发的连锁反应看,中国出版和中国文化的互联网出海之路也不会一帆风顺。

第二节　"逆全球化"下中国出版国际传播何以可能

一、"人类命运共同体"引领全球传播秩序变革

当前,在"逆全球化"风潮下,西方发达国家提供国际公共产品的能力有

---

① 　闫昆仑.2018 年中国互联网行业文化出海分析[J].国外社会科学,2019(02):105 - 111.

所下降、参与全球治理的意愿也不断弱化,美国等国家更以所谓本国利益至上为名,频频"退群",严重干扰正常的国际合作和全球秩序。在 2020 新冠疫情中,发达国家还出于狭隘的民族主义和意识形态偏见,回避抗击疫情的领导者责任,肆意诋毁中国的抗疫实践,导致新冠疫情演变成为人类历史上影响最为深远的公共卫生危机。

西方国家对全球治理领导者责任的回避与退出,无形间为新兴国家和发展中国家构建实施自主性的全球治理主张提供了契机和可能。譬如,十八大以来,面对日趋突出的世界性矛盾,中国党和国家领导人多次倡言推进国际关系民主化进程,赋予新兴国家和发展中国家更多代表性和发言权,建立全球事务由各国共同治理,发展成果由各国共同分享的"人类命运共同体"。2017 年以来,"人类命运共同体"理念被写入联合国多份不同层面的决议和文件中,获得超过 60% 海外受访者的积极评价,表明该理念正逐渐成为世界各国人民的最大公约数,发挥积极而广泛的国际影响。

"人类命运共同体"理念不仅为推进全球治理体系改革指了方向,也为建立公正、合理的国际传播新秩序提供了基本遵循。"人类命运共同体"及其所对应的全球传播架构,"既有'世界主义'理念支撑,又有'一带一路''亚投行''互联网＋'等国家战略的可靠保障",为构建"更为平等和开放、参与度更高的'互联网思维'重构全球传播新秩序"①提供了切实可行的"中国方案",也为中国出版"走出去",参与更为多元的全球文化版图绘制,提供了新的思想支撑。

二、"新十亿"阶层崛起改变国际传播传统生态

当前,虽然国际传播整体格局仍"遵循以美国为中心的操控结构,映射美国国家—资本联盟的意识形态偏好和政治诉求",但随着包括传播格局在内的全国政治经济格局加速向有利于东方国家的方向转移,以及全球范围内更为广泛的"他者崛起",美国等西方国家主导国际传播生态的能力也不

---

① 史安斌.构建全球传播新秩序[J].新闻爱好者,2016(05):13－20＋63.

断下降①。

2015 年以来,全球传播的语种结构和人群分布发生了值得关注的重要变化。就前者而言,阿拉伯语和汉语使用频率大幅提升,在一定程度上颠覆了长期以来由英语主导的全球传播秩序。就后者而言,全球互联网用户在2012 年至 2016 年期间翻了一番,而新增用户主要是来自非西方国家和地区的青年网民。这批"新十亿"阶层的崛起改变了这个群体及其背后的国家、民族和文化在国际传播格局中失语的局面,增强了国际传播生态的多元性,使得国际传播场,特别是全球互联网"成为真正意义上的'全球公共领域'"②。

"新十亿"阶层的崛起也为中国文化"走出去"创造了新的可能。譬如,近年来,李子柒在 YouTube 上传的以中国美食和乡村生活为主题的系列短视频,受到世界各国网民的追捧,截至 2020 年 4 月,视频订阅用户超过 1 000 万,累计点击量超过 10 亿次③。在 2020 新冠疫情期间,世界多个国家网民不仅利用短视频等新兴媒介形式,面向中国网民"直播外国疫情动态及防控举措",更透过"记录中国亲身生活体验"④,向世界传达关于中国抗疫的真实声音,有效促进了疫情防控期间各国民众的交流与沟通。未来,随着全球互联网的进一步发展和中国出版数字化转型的深入推进,更多的"小人物"将成为中国文化出海的"自来水",通过"构建人人皆可创造和传播的新形态","激发'人类命运共同体'的情感共鸣"。

三、"一带一路"布局拓宽出版"走出去"空间

作为我国在"逆全球化"风潮下推动"人类命运共同体"建设的中坚平台,"一带一路"不仅在"共商、共建、共享"建设原则的基础上,积极促成亚欧

①　洪宇.全球互联网变局[J].人民论坛・学术前沿,2020(15):38 - 47.

②　史安斌."新十亿"阶层的崛起与全球新闻传播的新趋势[J].新疆师范大学学报(哲学社会科学版),2017,38(03):22 - 28+2.

③　潘皓.短视频叙事与中华文化国际传播[J].中国电视,2020(10):90 - 93.

④　鲍雨.疫情时期外国"网红"对中国社交媒体的参与利用分析——以新浪微博为例[J].对外传播,2020(05):33 - 35.

非大陆货物、资金、技术、人才的高效流动,还以其固有的开放性,鼓励域外国家在认同"一带一路"倡议基本理念的基础上参与进来,成功地将"割裂的全球化带入一个互联互通的全新时代"①。

"一带一路"倡议极大拓宽了中国出版"走出去"的想象空间。长期以来,中国出版"走出去"的目标对象主要集中在欧美发达国家,似乎只有成功打入欧美市场,中国出版才算得上走向世界,但实际上,无论是在人口、面积上,还是在文化、价值观上,欧美国家都只是世界的一小部分,如果只注意到欧美"小世界",而忽略了包括"一带一路"沿线国家和地区在内的世界广大地区,中国出版就失去了与更广泛的民众、更多元的文明样态互学互鉴、交流互动的机会。

可喜的是,近年来,中国出版界已显著加大与"一带一路"国家出版界的交流与合作。2014 年以来,以丝路书香工程获准立项,并入选国家"一带一路"建设重大项目为标志,国家和地方新闻出版管理部门都显著加大了对"一带一路"项目的扶持力度,出版企业也积极探索多样化的"一带一路"版权贸易形式。在多种因素的作用下,截至 2018 年年底,我国出版界对"一带一路"国家和地区的版权输出总量在我国版权输出总量中的占比已超过了55%②,中国出版"走出去"的视界转换和视域拓宽已初见成效。

四、疫情有效防控提升中国出版"走出去"感召力

发展道路的感召力构成了一个国家对外传播能力的基底。历史地看,二战以来,特别是冷战结束以来,西方发达国家,特别是美国,之所以具有非比寻常的全球传播能力,除了在资金、技术、渠道等方面的优势外,更为重要的原因是,其成功激起了世界其他国家和地区民众对西方发展道路和价值观的认同,似乎西方的"现在"就是全人类共同的"未来"。

---

① 竺彩华.“一带一路”引领全球化再平衡进程[J].和平与发展,2017(05):69－85＋121－122＋124－134.

② 樊文.柳斌杰:共建“一带一路”出版合作机制 让出版走出去“走深走实”[N].国际出版周报,2019－08－12(003).

不过,近年来,中国特色社会主义建设取得辉煌成就,对内不断凝聚为对"中国道路"和"中国经验"的自觉,对外则强化了全球后发国家探索本国发展模式的信心。此外,"意识形态很难争论清楚,但疫情防控的好坏大家都看得见"[①],在 2020 新冠疫情背景下,我国不仅迅速控制住了本国疫情的蔓延,基本实现本国生产、生活秩序的正常化,还立足"人类命运共同体"理念,积极支持世界卫生组织和其他国家抗疫,中国道路的全球感召力得到显著增强。

21 世纪以来,不少出版界有识之士已经意识到,与中国传统思想与文化比,海外读者对"当代中国"的兴趣正与日俱增,可以设想,看到中国在疫情防控中的卓越表现,国际社会将更加渴求了解中国发展现状、认识中国制度特色和发展理念,这将为中国图书的海外传播注入强劲的动力。

第三节   "逆全球化"下中国出版国际传播的实践空间

一、坚持文化自信,注重用中国声音讲好世界故事

根据本书作者对丝路书香工程等国家级外译项目的前期研究,当前我国对外输出的图书总体而言具有三个特点。第一,相较于政治、经济、科技主题图书,文学和文化类图书占比明显较高;第二,相较于具有较高学术含量的著作,"概论"式占比明显较高;第三,对外输出的图书绝大多数都是"中国"主题图书,与世界其他国家和地区有关的图书极为有限[②]。虽然这些特

①   赵鼎新.新冠疫情与中国改革[J].文化纵横,2020(4):69‐77.
②   王大可."一带一路"背景下中国图书出版"走出去"的思考[J].国际传播,2020(02):86‐96.

点都有一定的合理性——譬如由于大部分外国读者对中国情况了解不多，"概论"式书籍可以在相对短的篇幅内，帮助他们了解中国某一方面整体情况——但也在不经意间造成了中国出版"走出去"选题空间的自我限制。

事实上，正如国内图书市场上充斥着西方"理论"图书和"汉学"图书所暗示的，西方国家在全球出版市场上的权力地位，其实并不仅仅体现在其成功输出了多少关于"自我"的图书，而更体现在其不断创造理解世界的"理论"和"概念"，生产并传播关于"他者"的知识，并以此影响乃至规制了世界其他国家和人民的自我认知。就此而言，如果中国图书对外输出的重点仅仅停留在"文化""中国"等议题上，就无形间放弃了对世界政治经济等重大议题解释权的争夺。

"逆全球化"时代是一个充满了不确定性的时代，也是一个新旧不断转化，充满了多种可能性的时代。在这个时代，坚持文化自信，对致力于出版"走出去"工作的人来说尤其重要。也就是说，人们应该始终意识到，作为一项当代工程，出版"走出去"首先应该是当代中国"走出去"，出版"走出去"能取得多大的成功，与当代中国实践在世界范围内赢得多少认同息息相关。因此，出版界应避免将中国出版"走出去"窄化为中国传统文化"走出去"或中国主题图书"走出去"，而应加大政治经济主题图书、理论书籍和国际问题研究书籍的策划和推广力度，既注重"讲好中国故事"，也注重用中国视角"讲好世界故事"，让中国出版"走出去"的过程与具有中国主体性的世界观生发过程同频共振。

二、拓宽世界眼光，加大"一带一路"图书市场开拓

作为世界治理的中国方案，"一带一路"代表了一种"不同于海洋中心论的全球律则的弹性世界观和秩序观"①。较长一段时间以来，在以海洋为中心的世界秩序中，欧美发达国家是全球的中心，在很多人的潜意识中，走向世界，与国际接轨，首先指的是走向欧美，与西方接轨。与此相关，不少出版

---

①　汪晖.两洋之间的文明(下)[J].经济导刊,2015(09):14-20.

人也自觉不自觉地将打入欧美图书市场视为中国出版"走出去"的首要目标。

近年来,上述情况已经在转变,但无论是清除旧的世界观的影响,还是推动新的世界图景的形成,都不可能一蹴而就,因此,在加大"一带一路"图书出版市场开拓力度方面,出版界仍有许多工作要做。譬如,虽然目前国家和地方各级新闻出版发展规划都列入与"一带一路"有关的内容,但相关规划十分零散,缺少体系,彼此间的协同也不够,因此国家有关部门应充分发挥规划体制这一中国特色制度优势,牵头制定促进"一带一路"出版"走出去"专项规划,以国家力量实现"一带一路"出版"走出去"的集约化发展。

另外,由于"一带一路"国家数量众多,政治制度和经济、社会、文化形态也极为多样,靠单个出版机构的力量,难以全面获取进入"一带一路"市场所需的专业信息。故而,国家新闻出版管理部门可以协调驻外使领馆和文化、教育机构、相关科研院所和智库、出版企业等多方力量,开展以国别为单位的"一带一路"图书市场深度调研,并通过特定渠道向涉外出版机构共享,为出版社输出更适合"一带一路"民众需要的图书提供可靠支撑。

三、加快技术创新,实现出版"走出去"平台化运作

虽然近年来在"逆全球化"风潮和中美战略竞争愈加激烈的背景下,中国出版和文化的互联网出海之路并不一帆风顺,但相较于传统的出海模式——在这些领域,欧美国家多年积累的技术、渠道和市场基础更难撼动——能否充分借助互联网开放性、互动性的特征,发挥我国互联网技术和商业模式的优势,推动实现出版"走出去"的"互联网＋"转型,仍然是中国故事全球传播能否"弯道超车"的关键。

因此,针对国际受众,特别是青少年对多样化数字阅读产品的需求逐年提升,出版界应加大电子书、有声书、可视化图书乃至数据库等数字出版产品的研发力度,国家新闻出版部分也应加大对数字出版"走出去"的支持力度,为出版企业积极打造高质量数字化产品线,加大数字版权输出,推进传统出版和新兴出版融合发展提供方向指引。

除了产品的数字化,国家有关部门和有条件的出版企业还应牵头搭建数字化出海平台,利用互联网平台连接多方的技术、商业优势,汇聚更加多元的内容资源,提供更加丰富的消费场景,培育图书出版产品的跨国消费的新业态、新模式,打造出版"走出去"供需有效对接的高地。

"逆全球化"时代是一个充满了不确定性的时代,也是一个新旧不断转化,充满了多种可能性的时代。中国出版界应充分把握"逆全球化"风潮下国际传播格局演变所带来的机遇与挑战,坚定文化自信,拓宽世界眼光,发挥中国制度优势,积极应用新技术,开创中国出版"走出去"的新局面,为创新推进国际传播、加强对外文化交流和多层次文明对话做出更大贡献。

第五章 中国出版国际传播的规划与路径

  出版"走出去"是我国国际传播能力建设工程的重要组成部分。"十三五"时期,在国家和地方相关促进政策引领下,出版界大力推进国际传播能力建设,出版"走出去"的广度与深度持续拓展,为增强国家文化软实力提供了积极支撑。然而,在百年未有之大变局和全球疫情的冲击下,"逆全球化"风潮愈演愈烈,各国文化保守乃至文化排外现象日趋严重,出版"走出去"面临着全球层面的严峻挑战。①

  "十四五"时期是我国开启全面建设社会主义现代化国家新征程的第一个五年,也是实现到 2035 年建成社会主义文化强国远景目标的起步阶段。《中华人民共和国国民经济和社会发展第十四个五年规划和 2035 年远景目标纲要》(以下简称"十四五"规划)提出了"提升中华文化影响力"的发展目标和"加强对外文化交流和多层次文明对话,创新推进国际传播,利用网上网下,讲好中国故事,传播好中国声音"的建设任务。《出版业"十四五"时期发展规划》进一步明确,要锚定建成出版强国的远景目标,不断提升出版产业国际竞争力,确保"出版走出去取得更大实效"。在此背景下,出版界应抓紧"十四五"文化强国建设和新一代信息技术快速发展战略机遇,创新出版"走出去"的理念、思路与模式,提升出版"走出去"的质量与效益,为增强中华文化的全球影响力做出新贡献。

---

  ① 王大可,李本乾."逆全球化"下国际传播变局与中国出版"走出去"实践空间[J].中国编辑,2021(6).

第一节　"十四五"时期出版国际传播的战略机遇

一、建成文化强国目标凸显出版"走出去"战略地位

当今世界,国家间综合国力的竞争不仅停留在政治、经济、科技层面等"硬实力"层面,还在文化、制度、价值观等"软实力"层面有愈加明显的表现。继党的十七届六中全会提出建设社会主义文化强国,十九届五中全会审议通过的"十四五"规划首次明确在 2035 年建成社会主义文化强国的发展目标。建成社会主义文化强国具有对内、对外两个层面的内容,对内应牢固树立建立在社会主义核心价值观和现代科学文化素养上的文化自信,对外则应在文化交融、文明互鉴的基础上实现中国文化全球影响力的显著提升。

据统计,目前出版业在我国文化产业总产值中的占比达 70% 左右,因此,"在文化强国建设进程中,出版强国建设具有前提性和基础性的作用"①。文化和旅游部发布的《"十四五"文化产业发展规划》、国家新闻出版署发布的《出版业"十四五"时期发展规划》及相关附件,都以显著篇幅对推动出版"走出去"、增强对外文化贸易综合竞争力等做出了部署。可以预见,随着落实建设社会主义文化强国系列规划文件的发布,出版"走出去"将得到更多有利政策的支撑。

二、构建人类命运共同体为"走出去"提供价值指引

长期以来,中国出版国际传播能力建设的重点主要停留在"术"的层面,虽然通过合作经营、加强布点等方式扩大了影响力,但由于缺乏开创性的文

---

① 郝振省,宋嘉庚.从文化强国的远景目标看"十四五"时期出版业的发展指向[J].现代出版,2021(5).

化间传播理论的支撑,非但没有实质性触动西方主导的国际传播旧秩序,反而在一定程度上给予美西方国家抨击中国国际传播行为的口实。例如,2017年以来,不少西方国家的政客和智库就频频污蔑中国开展的国际文化交流项目"具有操控性与威胁性",透露出"像楔子一样渗透进西方的价值观"的战略意图①。

"要吸引世界读者,中国图书只有特色还不够,必须要有全球眼光和人类情怀。"②近年来,习近平总书记在多个场合倡言建设"人类命运共同体","十四五"规划也明确提出要推进各领域各层次对外交往,推动构建新型国际关系和人类命运共同体。人类命运共同体理念着眼于建设共建共享的新型国际关系,为包括中国在内的后发国家勾画了更具均衡性、普惠性的国际传播未来图景,也为出版界大力发展内容产业和对外文化贸易,抗衡美西方国家的文化输出,维护世界文化多样性,借助"文化的声音"提升本国国际话语权,提供了理论和道义的支撑。

三、数字技术创新应用赋能出版"走出去"转型升级

近年来,大数据、人工智能等数字技术快速发展,与实体经济及其他经济、产业形态深度融合,不断催生新业态、新模式、新产品、新技术。在这一浪潮下,数字内容产业迎来发展黄金期。据统计,"十三五"时期我国数字出版产值逐年攀升,一批专业出版社的数字出版收入突破千万元③。数字出版成为中国出版"走出去"的关键载体,方正阿帕比技术有限公司等电子图书出版公司成长为全球知名企业,与全球8 000多家学校、图书馆等机构建立数字资源领域的业务联系④,阅文集团等搭建的网络文学出海平台在东南亚、北美、俄罗斯等国家和地区成功落地,全球传播影响力不断扩大。

---

① 丑则静,李青."锐实力"是对中国的歪曲解读[J].红旗文稿,2019(10).

② 柳斌杰.坚定自信 主动求变 建设高质量出版强国[J].中国出版,2021(5).

③ 张新新.数字出版调控与市场的二元互动:"十三五"时期数字出版述评与盘点[J].科技与出版,2020(9).

④ 李京宇,何国民."一带一路"倡议背景下我国数字出版产业"走出去"的路径探析[J].科技与出版,2019(7).

　　"十四五"规划不仅从宏观层面提出建设数字中国的建设任务,还在健全现代文化产业体系等多个板块做出"实施文化产业数字化战略",深化"一带一路"沿线国家和地区的数字经济合作,"促进人文交流"等具体部署。这些举措将为出版界加强数字技术创新应用,打造融合生产、营销、服务的数字出版生态体系,实现出版"走出去"供给与需求的精准对接,提升国际传播效率和用户体验,注入新的动力。

第二节　"十四五"时期中国出版国际传播面临的问题

一、出版"走出去"项目协同性不足,缺乏效果跟踪与评估

　　当前,中央和地方政府都高度重视出版业国际传播能力建设,纷纷出台促进政策,为出版"走出去"提供扶持与支撑。不过,由于不同归口部门或不同层级在制定相关政策时,缺乏足够的沟通与协调,当前我国出版"走出去"政策体系仍不完备,缺乏应有的整体性,出版"走出去"过程中的"扎推"恶性竞争较为严重。在一些输出国内,"中国出版社扎推,出现恶性竞争。在项目合作方面国内资源与国外设施未能充分共享。发展不平衡,有些国家过热,有些国家过冷等问题,凸显无序"①。

　　此外,虽然不少出版"走出去"项目都提出要加强效果评估,提升执行效益,但相关要求往往停留在纸面,缺乏具可操作性的评价指标的支撑,或仅注重出口总额、版权输出数量等经济指标评估,无法实现对出版"走出去"经

---

① 柳斌杰.共建"一带一路"出版合作机制 让出版走出去"走深走实"[J].中国新闻出版广电报,2019－08－12.

济效益和社会效益的集成评价。由此带来的后果是,在相当一部分出版"走出去"项目的运作过程中,存在"大水漫灌""跑马占地"等为"求立项而盲目申报"的现象①,相关"走出去"项目在流程管理和效果评估上都存在优化空间。

二、出版"走出去"内容类型单一,输出图书当代性待提升

无论出版产品的载体和形态如何变化,内容始终是其核心要素,中国出版能否"走出去"归根结底还是取决于内容。不过,在什么样的内容才更符合在国际舞台上讲好中国故事的需求上,出版界仍存在一些认识上的误区。

从出版"走出去"的实际情况看,不少出版机构仍有意无意地将讲好中国故事简单类同为讲好中国传统文化。例如,在文学作品海外出版方面,"中译外海外出版整体围绕中国古典文学展开",更富时代气息的现当代文学的海外出版情况不容乐观②,此外,不少人还拘泥于讲好中国故事的字面意义,认为中国图书"走出去"应该浅显易懂,应该以叙事性文体作品为主,这导致出版界一般更为重视文学类作品和概论式图书的输出,对于学术性、科学性更强的图书海外传播的重视程度相对不足。

虽然上述现象的存在有一定的合理性,但无疑也造成了出版"走出去"选题的自我窄化。事实上,正如习近平总书记指出的,要广泛宣介中国主张、中国智慧、中国方案,全面阐述我国的发展观、文明观、安全观、人权观、生态观、国际秩序观和全球治理观,出版界应时刻意识到,中国出版"走出去"的前提是中国"走出去",而中国"走出去"的前提又毫无疑问是当代中国"走出去",因此,"十四五"时期出版"走出去"内容输出的重心应向更具当代性的作品转移。

---

① 2021"走出去"项目不搞"大水漫灌""跑马占地"[N].中国出版传媒商报,2021-02-01.
② 许宗瑞.中译外海外出版对中国文化"走出去"的启示:基于联合国教科文组织"翻译索引"数据库的研究[J].上海翻译,2019(3).

三、"走出去"的营销渠道较为传统，难以精准触达目标受众

从"十一五"开始，我国即通过组织实施中国出版物国际营销渠道拓展工程等项目，不断开拓中国出版产品的跨国贸易渠道。从 2014 年开始实施的丝路书香出版工程也将境外参展项目，也即支持中国出版机构参与或主办有影响力的国际展会，列为重要建设内容。应该说，这些项目为中国出版产品经由书店、书展、图书馆等传统营销网络接触当地民众创造了机会，也为出版商了解图书市场销售和读者反馈情况，提供了最初的权威数据支撑。

然而，随着移动互联技术的发展，全球读者对数字内容的消费需求显著提升，出版"走出去"的营销模式也势必需要实现从线下到线上的转移。相形映照之下，传统上相对单一的营销手段已暴露出无法触达、连接多元受众，特别是难以赢得互联网消费市场群体关注的不足。

四、出版"走出去"人才供需关系存在错位，人才储备单薄

虽然在国务院学位委员会办公室 2021 年 12 月 10 日发布的《学科目录（征求意见稿）》中，"出版"已经成为"文学"门类下的一级学科，目前我国高校培养出的编辑出版人才，在"量"与"质"上都无法满足出版业"走出去"高质量发展的需求。

此外，大数据、人工智能等信息技术的发展，一方面丰富了出版"走出去"的形态与手段，另一方面也因其带来的传播环境和传播生态的变化，对出版"走出去"人才的培养提出了新的要求。然而，受传统的编辑出版观所限，目前我国编辑出版人才的培养普遍存在重理论轻实践、重传统编辑出版技能培养而忽视数字出版、融合出版等新兴出版技能培养等方面的不足，出版"走出去"人才跨学科知识素养有待提升，相关人才供给与需求存在脱节。

第三节　"十四五"时期中国出版国际传播的路径展望

一、构建"走出去"战略传播体系，实现"走出去"项目精细化运作

习近平总书记在关于国际传播能力建设的讲话中提出，必须加强顶层设计和研究布局，构建具有鲜明中国特色的战略传播体系。有关战略传播的研究与实践表明，这一体系的核心要素在于"协同"，也即"力求突破行政区隔的瓶颈，将与传播有关的各种要素进行协同和调配"，形成国家利益和国家安全框架下的"整体性的传播战略布局"①。有鉴于此，"十四五"时期出版界应顺应国家传播战略变革趋势，加强出版"走出去"顶层设计与布局优化，建立适应图书出版特点的跨部门、跨层级、跨行业一体化运作机制，以系统性、协同性和整体性提升出版"走出去"效能，出版"走出去"传播体系应解决以下重要问题。

一是出版"走出去"项目的协同性问题。针对各级出版"走出去"项目建设内容重复度高，出版"走出去"过程中存在过度竞争等问题，我国应探索建立相关部委、重点省份、涉外机构、行业协会及智库等多方力量参与的出版"走出去"联席工作制度，一方面加紧开展各级出版"走出去"项目的清理，明确不同项目的针对性，促进出版"走出去"资源的统筹调配，另一方面重点开展省级层面出版"走出去"政策的指导和审读，引导并支撑各省根据自身优势，因地制宜地开展出版"走出去"工作。

二是目标导向和过程管理的协同性问题。针对出版"走出去"项目运作过程中普遍存在的重申报、轻管理，缺乏效果跟踪与评估等不足，应按照党中央《关于进一步加强和改进中华文化走出去工作的指导意见》中关于"以价值导向、艺术水准、受众反馈、社会影响、经营业绩为主要指标，建立相应

---

① 程曼丽.国际传播能力建设的协同性分析[J].电视研究，2014(6).

的文化走出去评估体系"①的要求,统筹纳入生产力(包括发行量、发行国家、语种数量等)、竞争力(包括市场占有率、市场渗透率、贸易竞争指数等)、影响力(包括馆藏率、读者书目、转载率等)、引导力(包括认同度、偏好度、评价度等)等一级和二级指标要素,建立出版"走出去"效果综合评价指标体系,为打造出版"走出去"项目管理闭环提供支撑。

二、继续深耕"一带一路"出版市场,构筑出版业国际化发展新格局

自 2013 年习近平总书记先后提出建设"丝绸之路经济带"和"21 世纪海上丝绸之路"以来,"一带一路"倡议得到越来越多国家的积极响应。截至 2021 年 10 月,我国已经与 172 个国家和国际组织,签署了 200 多份共建"一带一路"合作文件,推动建立了 90 多个双边合作机制②,为深化中国与"一带一路"沿线国家和地区的文化交流创造了契机。出版界应紧抓"十四五"规划将促进人文交流列为推动共建"一带一路"高质量发展的重要评价指标的机遇,持续深耕"一带一路"图书出版市场,推动建立出版业国际化发展新格局。

一是制定"一带一路"出版合作交流发展规划。新闻出版管理部门可借鉴《"一带一路"文化和旅游发展行动计划》等"一带一路"建设规划编制经验,尽快研究制定"一带一路"出版交流与合作专项行动计划,结合对"一带一路"国家战略环境和移动互联传播环境的分析,从多元化渠道、个性化产品、细分化受众、本土化运营等方面设定"一带一路"背景下出版"走出去"的多元化战略目标,从产品合作、版权贸易交流、企业投资、人员互访等方面规划深化"一带一路"出版合作的路径。

二是组织实施"一带一路"出版市场研究计划。"一带一路"沿线国家众多,语言文化多样,各国出版业发展水平差异性很大,以"一国一策"实现"差

---

① 李怀亮.浅析中国文化走出去效果评估体系的构建[J].南开学报(哲学社会科学版),2018 (3).

② 高质量共建"一带一路"硕果惠及世界[OL].(2021 - 10 - 04).https://www.yidaiyilu.gov. cn/xwzx/gnxw/189005.htm.

异化交往"①是提升出版"走出去"效果的可行路径。为增进出版界对"一带一路"国家出版业发展及民众接受习惯的认识,政府和出版企业可加大"一带一路"出版"走出去"重点与难点问题征询力度,形成有代表性的研究选题,列入各级研究课题的选题指南,引导学术界加强"一带一路"出版市场研究。与此同时,有关部门还可尝试实施面向"一带一路"出版"走出去"的"揭榜挂帅"制度,面向全球征集"一带一路"出版市场开拓的经验案例和项目建议,最大限度扩大"一带一路"出版交流与合作的决策基础。

三是加强"一带一路"及国际问题研究成果外译。当前,我国已积累了大量"一带一路"及相关区域问题、国际问题研究的资料和著述,传递着中国人对世界秩序的理解。虽然这批文献的外译未必能产生短期的经济效益,但从长远来看,它们有可能潜移默化地改变"一带一路"国家认识自身、认识世界的思维方式。因此,我国可依托中华学术外译项目等现有出版"走出去"项目,设置类似国家社科基金西部项目的"一带一路"及国际问题研究外译专项,精心遴选并向全球推广权威性、典范性的"一带一路"研究文献,提升中国话语的国际传播力。

三、注重"走出去"优质内容孵化,提升"走出去"当代性、学术性

一是加大优质原创内容政策扶持力度。优质原创内容是中国出版"走出去"最为根本的支撑要素。当前,我国输出到国际市场上的图书,大多是国内同名书籍的外译版本,在内容上较难适应国际传播环境对中国声音全球化表达、区域化表达、分众化表达的需要。对此,"十四五"时期,我国应加大优质原创内容政策扶持力度。首先,鼓励国内作者针对国际特定区域、特定人群进行专门创作和改编,相关作品优先纳入国家外译扶持计划;其次,继续推动国内外出版机构联合设立中国主题图书编辑部,引入外方力量,加强涉外图书选题策划和内容生产;最后,继续组织"外国人写作中国计划"等出版计划,加强对"青年汉学家研修计划"等文化交流项目的支持力度,鼓励

---

① 甄云霞,王珺.后疫情时代的"一带一路"国际出版合作[J].出版发行研究,2021(3).

友协、高校等策划"我眼中的中国"等系列活动,引导国际友人直接参与中国故事的生产与传播。

二是加大当代中国主题图书输出力度。在《出版业"十四五"时期发展规划》指导下,围绕世界变局、能源与低碳、扶贫与发展、民主模式等各国人民普遍关心的重大问题,集中推出一批优质图书,着力讲好中国在相关领域的探索与实践,为世界各国政府和人民思考这些"共性"问题提供丰富而独特的参照,推动中国话语和中国叙事体系的构建,让中国出版"走出去"的过程与当代中国日益走近世界舞台,发挥更多建设性作用的过程同向同行。

三是加大科技类出版产品输出力度。科技类出版产品的国际传播是中国出版"走出去"的薄弱环节,据统计,在学术期刊 300 多亿美元的国际市值中,美国的占比高达 41%,而中国仅占不到 0.1%,可以说"中国科技出版远远落后于中国科技的世界话语权"①。"十四五"时期,我国应加大科技图书和科技期刊海外传播支持力度,支持有条件的高校、出版机构创办国际通用语种科技期刊,鼓励出版机构通过并购联营等方式建设具有世界影响力的科技出版集团,同时深化与"一带一路"沿线国家和地区的科学出版交流与合作,将我国优秀的科技成果推向全球。

四、深化新一代信息技术创新应用,赋能出版国际传播"弯道超车"

近年来,随着移动互联网技术的发展,数字化生活方式席卷全球,数字阅读也逐渐发展成为当代社会的主流阅读形式,在海内外拥有广阔的市场前景和庞大的阅读群体。在传统图书出版领域,中国的产销能力较世界出版巨头尚有较大差距,但受益于国内相对成熟的互联网产业生态布局,我国在互联网文化出海方面实力强劲,可以说,利用互联网技术赋能出版"走出去",有望成为中国出版国际竞争力提升"弯道超车"的关键。

其一,进一步扩大优质数字出版产品供给。与传统的纸质书阅读不同,用户在数字阅读中对内容产品形式多样性的需求十分多元,也较为期待个

---

① 张琛.拥抱科技出版国际化的春天[J].科技与出版,2019(6).

性化、社交化和沉浸式的阅读体验。"十四五"时期,出版企业应立足全球视野,推进文化与科技的深度融合,运用大数据、人工智能、虚拟现实、增强现实等信息技术对优质出版内容进行适应性重造,推出更多互动性、体验感更强、可视化、沉浸化程度更高的优质数字出版产品。

其二,加快出版物海外营销的数字化转型。当前,互联网已成为国际社会了解中国出版产品的第一触点。"十四五"时期,出版企业应积极探索运用大数据技术追踪海外受众的阅读行为、研判目标市场竞争现状,推动中国出版产品进入当地主流互联网平台,开展社群营销、短视频营销等数字营销活动,促进出版"走出去"内容、活动、用户、渠道的精准对接,提升出版产品全球发行的速度与效率。

其三,推动建立国家数字文化传播平台。国家新闻出版管理部门可委托编辑出版领域有影响力的行业协会,牵头建立全国性的智能算法出海平台,汇聚出版内容数据资源,积淀用户数据信息,逐步推动出版"走出去"从产品主导向智能平台主导的转变,实现出版"走出去"内容和用户数据的精准匹配。

五、优化"走出去"人才培养机制,加强出版"走出去"人才储备

一是加强出版"走出去"交叉学科建设。"十四五"时期,出版"走出去"深度与广度将继续扩大,亟须视野广阔、融通中外,具备基本的数字传播技能及在跨文化环境下进行版权贸易和出版经营管理能力的高素质人才。在这方面,有关高校应结合自身优势,大力开创出版学与管理学、外国语言文学、信息技术等学科的交叉学科建设,为中国出版国际传播能力建设培养掌握现代信息技术,具有扎实的国际经营管理素养和高超跨文化传播能力的高层次人才队伍。

二是加强出版"走出去"协同育人力度。针对出版"走出去"人才培养的产学脱节等问题,有关高校和出版企业应加强产学研协同育人力度,一方面引入业界人力资源和实践案例,充实高校出版专业师资力量,推动编辑出版课程体系改革,另一方面建立教师"挂职"和学生"实践"制度,提升编辑出版

专业师生对出版"走出去"一线实践的关注度、参与度,增强出版"走出去"教学和学习的针对性、有效性。

三是加强出版"走出去"人才培训工作。出版"走出去"是我国国际传播能力建设的重要组成部分,按照习近平总书记各级领导干部要主动做国际传播工作的要求,理应成为各级党委重点关注的意识形态工作之一。"十四五"时期我国不仅应在面向各级领导干部的国际传播能力素养培训中,有机嵌入出版"走出去"相关内容,还应面向新闻出版及相关文化、教育、涉外机构工作人员,常态化出版"走出去"知识和业务能力培训,提升有关部门开展出版"走出去"规划及实际工作的能力。

第六章　面向"一带一路"的国际文化交流与合作
——以上海为例

　　"一带一路"是共建"丝绸之路经济带"和"21 世纪丝绸之路"的总称。2015 年,经国务院授权,国家发改委、外交部、商务部联合发布《推动共建丝绸之路经济带和 21 世纪海上丝绸之路的愿景与行动》(下称《愿景与行动》),正式启动"一带一路"全球行动计划。作为推动"中华民族复兴的地缘大战略"[①],"一带一路"以"五通",也即"政策沟通、设施联通、贸易畅通、资金融通和民心相通"为主要内容,其中民心相通是"一带一路"建设的社会根基。

第一节　研究背景、现状与意义

一、研究背景

(一)"文明之路"成为"一带一路"建设重要方向

《愿景与行动》明确提到要在继承丝绸之路文明互鉴、友好合作精神的

---

① 杜德斌,马亚华."一带一路":中华民族复兴的地缘大战略[J].地理研究,2015,34(06):1005－1014.

基础上,"广泛开展文化交流……为深化双多边合作奠定坚实的民意基础"①,可以说,从初期阶段开始,文化交流就是"一带一路"建设的重要内容,正所谓建设"一带一路",必须"坚持文化先行"②。

不过,虽然"一带一路"提出以来,沿线国家文化交流的形式更加多样,程度不断加深,但和相对更容易见效的经贸合作、基建合作比,人文交流更需要长期、持续的投入,因此,无论是从人们的认识来看,还是从实际进展来看,"一带一路"建设都明显呈现出重经贸而轻人文的倾向。当前,"一带一路"建设已基本完成"夯基垒台、立柱架梁"工作,进入"落地生根、持久发展"的新阶段③。在新的阶段,推动"一带一路"高质量发展,更需要发挥文化的作用。习近平总书记在出席"一带一路"国际合作高峰论坛开幕式时提出了把"一带一路"建成"文明之路","以文明交流超越文明隔阂……建立多层次人文合作机制……"的倡议④,国际文化交流合作将在"一带一路"建设中扮演更为重要的角色。

(二)上海服务"一带一路"方案响应文明之路倡议

2011 年,上海市委贯彻落实《中共中央关于深化文化体制改革推动社会主义文化大发展大繁荣若干重大问题的决定》,提出了把上海建设成为"与社会主义现代化国际大都市相匹配的国际文化大都市"的发展目标⑤。2016 年,上海发布《上海市"十三五"时期文化改革发展规划》,再次明确到 2020 年"基本建成国际文化大都市"的既定目标⑥。2017 年,上海市主要领导提出上海要全力打响上海服务、上海制造、上海购物、上海文化"四大品牌"。2018 年,上海市印发《全力打响"上海文化品牌"加快建成国际文化大都市三

①　国家发展改革委 外交部 商务部. 推动共建丝绸之路经济带和 21 世纪海上丝绸之路的愿景与行动[N]. 人民日报,2015 - 03 - 29(004).

②　蔡武. 坚持文化先行 建设"一带一路"[J]. 求是,2014(09):44 - 46.

③　本报评论员. 共同绘制好精谨细腻的"工笔画"[N]. 人民日报,2018 - 09 - 01(002).

④　本刊讯. 将"一带一路"建成和平、繁荣、开放、创新、文明之路[J]. 大陆桥视野,2017(05):14 - 15.

⑤　到 2020 年,上海建成国际文化大都市[N]. 解放日报,2011 - 11 - 24(002).

⑥　黄启哲. 建设"国际文化大都市"的上海亮出具体目标[N]. 文汇报,2016 - 12 - 30(009).

年行动计划(2018—2020 年)》,可以说,文化建设,特别是国际文化交流能力建设,始终是上海国际化大都市建设的重要组成部分,"提升上海跨文化交流能力,这既是上海建设全球城市的必然需求,也是增强上海城市文化软实力的重要途径和手段。"①

　　身处"一带一路""长江经济带"等多个国家发展规划的交汇地带,上海承担着促进"多项国家战略相互支撑融合",实现"一体化发展突破"的重任。② 2017 年,上海发布《上海服务国家"一带一路"建设发挥桥头堡作用行动方案》,为上海对接"一带一路"国家倡议制定了整体的规划。在这份方案的指引下,上海不仅"加紧编织覆盖全球的投资贸易网络",推动上海与"一带一路"沿线国家"经贸合作规模不断扩大"③,更积极响应文明之路建设倡议,"通过人文交流实现民心相通。"④正如研究者所说,在"一带一路"建设中,上海具有独特的区位优势和文化优势,"用文化的方式丰富'一带一路'内涵,扩大'一带一路'的影响","发挥上海在'一带一路'中的文化先发效应",是"上海文化应有的责任。"⑤

　　(三)"一带一路"文化交流合作成效亟待梳理总结

　　目前,国家有关部门和上海市都已经制定执行了一系列促进"一带一路"文化交流合作的发展规划。譬如,2016 年,文化部发布《文化部"一带一路"文化发展行动计划》,对"一带一路"文化交流合作做了整体部署。《新闻出版广播电视影视"十三五"发展规划》《"十三五"时期新闻出版"走出去"专项规划》《文化部"十三五"时期文化发展改革规划》等各类专项规划,也从不同领域出发,对"一带一路"文化交流工作做了部署。与此相应,《上海服务国家"一带一路"建设发挥桥头堡作用行动方案》《全力打响"上海文化品牌"

---

① 陆建非.上海提升全球城市品牌形象与增强城市吸引力研究[J].科学发展,2016(03):106 - 113.

② 姜睿.以上海为核心节点的"一带一路"等国家战略整合机制探索[J].现代经济探讨,2015 (04):54 - 58.

③ 吴卫群.上海:"一带一路""桥头堡"作用日显[N].解放日报,2018 - 07 - 25(002).

④ 张懿.上海全力打造服务"一带一路"建设桥头堡[N].文汇报,2019 - 04 - 25(002).

⑤ 施福平,唐丹妮.发挥上海在"一带一路"建设中的文化先发效应[J].上海文化,2014(08): 74 - 78.

加快建成国际文化大都市三年行动计划》等上海市制定执行的文化发展规划,也将加强"一带一路"国际文化合作交流列为重点工作。当前,正值"十三五""十四五"承前启后时期,对照相应的政策规划,梳理总结上海开展"一带一路"国际文化交流合作工作与成效,发现这项工作可能存在的短板,有助于及时调整工作方向,更好"发挥上海在'一带一路'中的文化先发效应"①。

二、研究现状

（一）上海对接"一带一路"倡议研究

当前,学术界对上海对接"一带一路"倡议的研究,偏重于从宏观角度探讨上海在"一带一路"建设中的战略地位,譬如,姜睿指出"一带一路"、长江经济带、上海（中国）自贸区等一系列国家战略在上海交织,联系成一个有机整体,而上海参与"一带一路"建设的意义正在于"将这三个国家战略综合体融合起来,相互支撑,寻求更大的突破"②。邹磊则更为具体地分析了上海在对接"一带一路"的过程中需要统筹考虑的四方面因素,即"国家战略的顶层设计、地方政府的相互竞争与学习、自身发展的路径依赖和地方的国际联系",并明确指出上海在"一带一路"建设中真正的突破方向,是"搭建高端合作平台,创新开放型经济体制机制,全面提升自身在全球经济治理中的制度性话语权"③。

更多的研究从细分领域分析上海对接"一带一路"思路和路径,如马莹认为"进博会"在上海举行,不仅是上海自贸区建设成果的检验,还将成为"上海打造'一带一路'桥头堡城市的助推剂"④,李鲁等则基于对全球经济园

① 施福平,唐丹妮.发挥上海在"一带一路"建设中的文化先发效应[J].上海文化,2014(08): 74-78.
② 姜睿."十三五"上海参与"一带一路"建设的定位与机制设计[J].上海经济研究,2015(01): 81-88.
③ 邹磊.上海进一步对接"一带一路"战略的思路与对策[J].上海经济研究,2016(11):81-89.
④ 马莹,甄志宏.中国国际进口博览会与上海"一带一路"桥头堡建设探索研究[J].上海对外经贸大学学报,2018,25(06):10-17+39.

区建设浪潮的分析,指出上海可以发挥城市综合优势,"以园区出海为战略抓手服务'一带一路'"①,韩璐等从强化政治互信、创新安全合作、加强设施联通建设等角度构建了上海合作组织与"一带一路"协同发展的策略和路径等②。

此外,也有一些研究者指出,上海对接"一带一路"倡议需要重视文化交流与合作,如邹磊将"推进人文交流"列为上海对接"一带一路"的五大重点领域之一,明确支持"尽管人文交流取得的成效相对缓慢,但是人文交流却往往能发挥经贸合作和基建项目所取法取代的作用"③,金宏伟以基于上海的观察为例,分析了宗教文化交流在"一带一路"建设中的责任担当④。黄鑫焱则以上海纪实频道《海上丝绸之路》为例,分析"一带一路"题材纪录片中的"当代中国"形象,肯定其"以人物故事化表达提升了作品的感染力,展现了中国风范"⑤等,但总体而言,这方面的研究相对较少。

(二)上海参与国际文化交流合作研究

20 世纪 90 年代以来,随着约瑟夫·奈"软实力"概念的提出和全球传播,国际文化交流合作成为学术界关注的热点话题,"参与国际文化交流乃是一个国家和民族发展的必由之路",任一鸣在分析总结了国际文化交流的新特征和新理念的基础上,指出在全球"软实力"竞争的背景下,"中国国际文化交流要实施'走出去'战略……扩大中国文化的国际影响力。"⑥武萌基于公共外交的理论视角,梳理了二战后日本构建国家文化"软实力"的主要

---

① 李鲁,刘乃全,刘学华.园区出海服务"一带一路"的逻辑与对策:以上海为例[J].外国经济与管理,2017,39(07):118-128.

② 韩璐.上海合作组织与"一带一路"的协同发展[J].国际问题研究,2019(02):22-34.

③ 邹磊.上海进一步对接"一带一路"战略的思路与对策[J].上海经济研究,2016(11):81-89.

④ 金宏伟.我国伊斯兰教界在"一带一路"战略中的责任担当——上海的视角[J].中国穆斯林,2016(01):9-11.

⑤ 黄新炎."一带一路"题材纪录片的"当代中国"形象诠释——以上海纪实频道《海上丝绸之路》为例[J].中国电视,2017(07):85-89+1.

⑥ 任一鸣.国际文化交流:理念创新与实践的战略思考[J].毛泽东邓小平理论研究,2010(12):70-74+82.

历程,指出其对我国实施国家形象战略的借鉴价值①。曹薇从将文化自信融入国际文化交流、提升文化的国际影响力和竞争力等方面构建了做好国际文化交流工作的框架思路②。

从对国际文化交流细分领域的研究情况看,学术界较为关注语言、教育、体育、新闻出版及文化贸易等领域的国际文化交流合作问题,如桂晓风分析了编辑出版工作在民族文化建设和国际文化交流中的价值和功能③,薛宏波阐发了"一带一路"背景下我国民族传统体育文化国际交流的意义④,刘翠霞构建了"一带一路"文化产业合作的优势选择和重点领域⑤,王燕分析了文化交流对地方高校国际化发展的影响等⑥。

也有一些研究直接探讨了上海参与国际文化交流合作的相关问题,如廖志强通过对全球城市内涵的剖析,论述了上海加强国际文化合作与交流的重要意义,构建了上海国际大都市建设的"文化＋"战略规划⑦,苏萍从深化文化交流机制内涵建设、转变传统媒体传播观念等角度建构了加强上海国际文化合作与交流的公共外交路径⑧,张敏以第 13 届上海国际艺术节为例,揭示了国际节事活动对提升上海国际文化好与交流水平的支撑作用⑨,

① 武萌,张利军.公共外交与二战后日本国家文化软实力构建——战略管理与战术选择[J].当代世界与社会主义,2011(06):21-26.

② 曹巍.如何做好国际文化交流[J].人民论坛,2018(35):136-137.

③ 桂晓风.让编辑工作在民族文化建设和国际文化交流中发挥更大功能[J].中国编辑,2010(04):5-8.

④ 薛宏波,程文广."一带一路"背景下我国民族传统体育文化国际交流研究[J].体育文化导刊,2019(10):74-80.

⑤ 刘翠霞,高宏存."一带一路"文化产业国际合作的优势选择与重点领域研究[J].东岳论丛,2019,40(10):56-65＋191.

⑥ 王燕.文化对地方高校国际化发展的影响与对策分析[J].当代教育与文化,2014,6(04):104-108.

⑦ 廖志强,刘晟,奚东帆.上海建设国际文化大都市的"文化＋"战略规划研究[J].城市规划学刊,2017(S1):94-100.

⑧ 苏萍,朱新光.上海国际化大都市公共外交的路径选择[J].社会科学,2016(04):13-29.

⑨ 张敏.当代国际艺术节公共文化服务的现状与需求——基于第 13 届中国上海国际艺术节的案例研究[J].艺术百家,2012,28(04):99-106.

胡霁荣研究了提升上海国际文化合作与交流水平的文化产业路径等①。

（三）国际文化合作交流有效性的研究

效果评估是国际文化合作交流提质增效的前提和基础。在这一方面，吴瑛（2012）通过对全球多所孔子学院的调查，客观评价了中国文化对外传播的效果②，李怀亮探讨构建了中国文化"走出去"的效果评价指标体系③，徐翔基于 YouTube 的样本挖掘与实证研究，分析了中国文化在视频自媒体的传播效果和影响因素④，杨玉以东南亚留学生为例，研究了云南民族文化对外传播效果等⑤。

具体到与上海国际文化交流合作有关的议题上，石月章分析了上海国际电影论文暨展览会的传播效果⑥，李本乾等以上海为典型案例，从效果评估角度构建了城市形象全球传播能力提升策略⑦，陈沛芹等基于媒体报道数据和问卷调查数据，对上海电视剧、上海国际电影节、上海国际艺术节等上海文化活动的国际影响力，进行了较为全面的研究等⑧。

通过对学术界相关研究的简单回顾，可以发现：

第一，学术界已充分认识到文化交流在"一带一路"建设中的重要性，但相较于经贸领域的"一带一路"研究，文化领域研究明显较少，对上海参与"一带一路"国际文化交流合作的研究更是亟待展开。

第二，有一些研究者已经开展了上海国际文化交流相关研究，但大多是

---

①　胡霁荣,张春美.国际文化大都市语境下上海文化产业转型发展[J].上海文化,2017(06):39－46＋123＋125.

②　吴瑛.中国文化对外传播效果研究——对 5 国 16 所孔子学院的调查[J].浙江社会科学,2012(04):144－151＋160.

③　李怀亮.浅析中国文化走出去效果评估体系的构建[J].南开学报（哲学社会科学版）,2018(03):68－75.

④　徐翔.中国文化在视频自媒体的传播效果及其影响因素分析——基于 YouTube 的样本挖掘与实证研究[J].北京邮电大学学报（社会科学版）,2016,18(05):1－7.

⑤　杨玉.云南民族文化对外传播效果研究——以东南亚留学生为对象[J].贵州民族研究,2014,35(11):121－124.

⑥　石月章.上海国际电影论坛暨展览会传播效果分析[J].中国报业,2019(16):66－67.

⑦　王大可,张云帆,李本乾.基于效果评估的城市形象全球传播能力提升策略与路径——以上海为典型案例的考察[J].新媒体与社会,2017(04):41－57.

⑧　陈沛芹.上海文化活动国际影响力报告(2017)[M].北京:社会科学文献出版社,2017.

从一些细分领域展开的,对上海国际文化交流,特别是"一带一路"背景下上海国际文化交流合作的整体性考察并不多见。

第三,目前,学术界对上海乃至中国国际文化交流成效的评估,大多采取内容分析法、问卷调查法等定量研究方法,且多从媒体报道的角度评价国际文化交流与合作的实际成效,相应地,反而缺少了对国际文化交流工作本身,及实际做了什么的梳理和总结。此外,定量研究方法虽然能从某一侧面实现对国际文化交流成果的科学评价,但与此同时,也就缺乏了对国际文化交流整体情况的把握和分析。

三、研究意义

(一)拓展上海对接"一带一路"倡议研究的论域

当前,虽然一些研究从宏观层面分析指出国际文化交流应成为上海参与"一带一路"建设的重要组成部分,但学术界有关上海对接"一带一路"倡议的研究,仍主要是从经贸领域展开的,对如何发挥上海在国际文化交流领域的区位优势,促进"一带一路"文化发展行动和民心相通建设的关注程度很不充分。因此,本书在上海服务"一带一路"倡议的大背景下,聚焦国际文化交流与合作相关议题,拓展了上海对接"一带一路"倡议研究的论域。

(二)评估上海参与"一带一路"文化交流的成效

"一带一路"倡议以来,上海陆续推出多个涉及"一带一路"文化交流合作的行动计划,有力加强了上海乃至中国与"一带一路"沿线国家和地区的文化交流,部分项目还被列入国家层面的"一带一路"建设重要成果清单。不过,迄今为止,尚未有研究对照国家"一带一路"文化发展行动整体部署,对上海"一带一路"文化交流工作进行全方位的梳理和总结。本书将基于与上海"一带一路"文化交流有关的政策文件、新闻报道、研究报告以及相关政府部门专家的访谈,实现对上海参与"一带一路"国际文化合作交流成效的全面评估。

(三)增强上海深化"一带一路"文化合作的能力

在全面梳理总结上海参与"一带一路"国际文化交流与合作现有成绩的

基础上,本书还将分析指出上海国际文化交流工作中有待补强的短板,并结合国内外相关领域经验和教训的分析,构建提升上海国际文化交流合作能力的策略和路径,有助于增强上海深化"一带一路"文化合作,提升上海乃至中国国际文化影响力。

第二节　"一带一路"国际文化交流与合作的意义

一、促进上海国际文化大都市建设

建设国际文化大都市,是"十二五""十三五"乃至更长时间段中,上海全球城市建设的重要目标之一。《上海市"十三五"时期文化发展改革规划》再次明确要实现到 2020 年"基本建成国际文化大都市"的既定目标,2018 年,上海更是发布了《全力打响"上海文化品牌"加快建成国际文化大都市三年行动计划》,对上海国际文化大都市建设进行新的部署。根据上海交通大学中国城市治理研究院专家发布的《国际文化大都市评价报告》,近年来,"上海的文化建设卓有成效,后发优势明显",在文化旅游、文化教育、公共文化供给、互联网发展等诸多领域,均已位居世界前列。不过,报告也同时指出,"上海发展国际文化大都市的全球声誉未能跟上整体实力的提升,在全球文化影响力方面存在明显不足。"①

国际文化交流能力是影响全球文化影响力生成的重要因子。事实上,正如不少学者的分析指出的,长期以来,正是跨文化交往能力的短板,影响

---

① 傅文婧.国际文化大都市排行出炉,上海位居全球第九[J].区域治理,2019(18):35 - 36.

了上海国际声誉的提升①。"一带一路"倡议标志着中国对外开放进入新的阶段,也为上海国际文化交流工作打开了新的空间,通过大力推进"一带一路"国际的文化交流与合作,上海的跨文化交往能力以及随之而来的全球文化影响力将得到加强,从而为上海完成国际文化大都市建设的预期目标注入新的动力。

二、提升上海全球城市形象影响力

在全球化时代,城市是国际经济和政治活动的中心、信息交流与传播的关键节点,也是社会发展和文化活动的重要舞台。城市形象是城市的无形资产,良好的城市形象不仅能提升城市的"软实力",还能增强其参与国际竞争与合作的能力。2010年以来,上海在国际文化大都市建设的背景下,进一步加强国际传播能力建设,已初步将自身打造成为全球文化传播网络的重要节点。然而,与我国大多数城市相仿,全球语境下上海城市形象仍不够立体,且缺乏能与国际顶级城市比肩的辐射力和影响力。城市形象全球传播能力的不足,也是上海国际大都市建设的"短板"之一②。

然而,根据对全球媒体上海报告语种分布的调查,虽然英语仍然是全球媒体上海报道使用最多的语言,但俄语、日语、印度尼西亚语、马来语和汉语等我国周边国家语言在全球媒体上海报道中被采用的频次,从2010年以来,就呈现出不断增加的态势③。进一步来看,2010年世博会期间,上海国际形象的报道主体以英、法、美等西方国家为主,其中英国以49%的报道量占据了半壁江山,亚洲及中东地区有关"上海"的声音在国际社会上微乎其微。而2018年"进博会"期间,日本、俄罗斯、中东地区国家有关上海报道的数量

---

① 杨剑龙.全球城市视阈中上海跨文化交往能力研究[J].科学发展,2015(02):93-102.

② 李本乾,王大可,冯妮.后世博时代上海国际传播能力建设的实践与探索[J].对外传播,2017(06):64-66.

③ 王大可,张云帆,李本乾.基于效果评估的城市形象全球传播能力提升策略与路径——以上海为典型案例的考察[J].新媒体与社会,2017(04):41-57.

大幅增加①。种种迹象表明,随着"一带一路"倡议和周边外交方略的持续推进,"一带一路"与周边国家的关注将成为上海全球城市影响力提升的重要突破口。

三、服务"一带一路"软实力建设

2017 年 3 月 5 日,习近平在全国"两会"期间参加上海代表团审议时,明确要求把上海自由贸易试验区建设成为服务国家"一带一路"建设、推动市场主体"走出去"的桥头堡。2018 年 11 月,习近平总书记在上海考察时,再次要求上海要"按照国家统一规划、统一部署,全力服务'一带一路'建设""更好为全国改革发展大局服务""在我国全面扩大开放、共建'一带一路'中发挥更大作用"。习近平总书记的系列讲话,既凸显了上海在国家"一带一路"倡议战略布局中的重要地位,也对上海服务、对接"一带一路"提出了很高的要求。

"一带一路"既是经贸合作之路,也是文化交流和文明互鉴之路。对于上海来说,服务"一带一路"不仅要利用上海优势,"聚焦贸易投资、金融开放合作、增强互联互通、科技创新合作",也需要大力推进"人文交流合作",增强"一带一路"倡议的"软实力"②。当前,上海已在"一带一路"人文交流和科技合作方面做出了一些探索与实践,譬如发起建立丝绸之路国际艺术节联盟、推进"一带一路"国际友好城市建设等,但这方面的工作仍有很大提升空间,亟待进一步加强"一带一路"国际文化交流与合作。

---

① 纪文慧,王大可.从世博到进博:上海全球城市形象的传播与变迁[J].东南传播,2019(04):56-59.

② 李锋,陆丽萍,邱鸣华,陈畅.上海打造服务"一带一路"桥头堡进展及其重大抓手[J].科学发展,2018(08):50-57.

第三节　"一带一路"国际文化交流与合作的战略环境

无论从上海自身来说,还是从国家对上海加强对接"一带一路"的需求来看,上海都需要积极推进"一带一路"国际文化合作与交流,提升上海城市形象和中国文化的国际影响力,为"一带一路"民心相通建设打下扎实的社会根据。从当前的时机及客观条件看,上海与"一带一路"的文化交流工作具有不少有利条件,但同时也需要克服不少挑战。

一、上海参与"一带一路"国际文化合作与交流的优势分析

在加强和提升"一带一路"国际文化合作与交流方面,上海具有不少优势条件。首先,国家和上海的相关政策和规划为上海推进"一带一路"文化交流提供了可靠的支撑和牵引。从"一带一路"倡议提出后,国家有关政策文件就明确指出人文交流与合作的重要性。2016 年,文化部发布《"一带一路"文化发展行动计划(2016—2020 年)》,为我国切实推动"一带一路"文化交流、文化传播和文化贸易的创新发展,进行了整体的规划和实际。在国家政策的引领下,上海也出台了《上海服务国家"一带一路"建设发挥桥头堡作用行动方案》,并专门设置了人文交流建设板块。此外,在《全力打响"上海文化"品牌加快建成国际文化大都市三年行动计划(2018—2020 年)》等专项建设规划中,上海也都嵌入了与"一带一路"文化交流有关的内容。

其次,作为我国对外开放的排头兵和服务"一带一路"建设的桥头堡,上海外向型经济形态和多元开放的国际化程度,也十分有利于上海加强"一带一路"文化交流与合作。"开放是上海的最大特色,也是上海城市活力和竞争力的重要支撑",目前,上海正以"自贸试验区建设为引领,大力推进'一带一路'桥头堡建设,构建高层次的开放型经济新体制",不仅在金融开放、投资贸易合作等领域取得新成效,科技、教育、文化、卫生等领域的国际合作也

取得不少进展①。

最后,上海持续推进的国际文化大都市建设、全球卓越城市建设为加强"一带一路"文化交流与合作提供了经验和支撑。从 2011 年开始,上海正式启动国际文化大都市建设。2019 年的上海市宣传思想文化工作会议,再次提出要加快建设国际文化大都市。虽然根据学术界的最新研究,与全球顶尖城市比,上海在全球文化影响力方面还存在明显不足,但通过多年的建设,上海在文化旅游、文化教育、公共文化供给,特别是互联网发展等方面已经位居世纪领先水平,"文化建设卓有成效"②。上海建设国际文化大都市的经验是其推进"一带一路"国际文化合作与交流的可靠基础。

二、上海参与"一带一路"国际文化合作与交流的劣势分析

首先,不具备与"一带一路"国家长期合作的基础。从贸易上来说,虽然从 20 世纪 90 年代开始,国家与上海即在积极推进出口市场多元化战略,但目前,除了新加坡,上海最主要的十个出口市场都不是"一带一路"沿线的国家和地区③。从文化上来说,长期以来,上海城市外交、文化投资与贸易的主要对象大多是欧美发达国家与地区,除了极个别的国家,上海在"一带一路"文化合作与交流方面并没有深厚的积累。根据上海社科院和上海文化中心的调研,目前,上海企业"对外文化投资目的地主要以亚洲和北美为主","主要面向境外较发达的国家或地区。"④

其次,上海缺少互联网龙头企业。当前,互联网出海已经成为中国文化产品"走出去"的重要形式。根据腾讯发布的《2018 年中国互联网行业出海文化分析》,当前"全球数字经济竞争激烈,印度、东南亚、中东与非洲等海外互联网市场正处在爆发千叶,互联网文化出海是移动互联网时代继续保持

---

① 上海市人民政府发展研究中心开放形势分析课题组,王德忠,周国平,徐净,李锋,陆丽萍,樊星,王孝钰,邱鸣华,陈畅.2017年上海开放形势分析报告[J].科学发展,2018(01):52-60.
② 傅文婧.国际文化大都市排行出炉,上海位居全球第九[J].区域治理,2019(18):35-36.
③ 刘乃全.上海服务"一带一路"定位研究[M].上海:格致出版社,2017:37-39.
④ 荣跃明.上海文化交流发展报告(2017)[M].上海:上海人民出版社,2017:45.

中国竞争力水平的重要环节"①,由于缺少互联网龙头企业,上海在利用移动互联网技术,促进上海与中国文化在"一带一路"国家的传播方面,存在一定的短板。

最后,由于文化消费市场未能充分打开,上海文化资源的开发程度也有待提高。从国际经验看,一国文化产品的国际市场占有率与该国内部文化消费市场的规模呈正相关关系。目前,在"文化消费的层次不平衡""文化消费设置建设失衡""市民收入差距过大"等多种因素的制约下,上海的文化消费市场始终未充分激发,"一个市民一年看电影不足 3 次,进博物馆或美术馆参观约 1.03 次,进娱乐场所约 0.61 次",也就是说,"许多上海市民终年也没有享受过一次文化消费。"②受制于内部文化消费的滞后,上海的许多文化资源并未充分开发和市场化,这又最终影响到了"一带一路"背景下上海文化产品的有效供给。

三、上海参与"一带一路"国际文化合作与交流的机遇分析

首先,上海位于多个国家战略的交汇地点,被定位为推进"一带一路"建设的"桥头堡"。上海位于"一带一路"与"长江经济带"的交汇地带,是新欧亚大陆桥上重要的节点枢纽城市,此外,正作为试点,积极推进自贸试验区建设……这些重要战略将极大提升上海在全国和世界舞台上的地位,促进上海积极开拓新的开放领域,在经济、科技、教育、文化等多个领域,加快国际合作步伐,从而也为上海创新与"一带一路"国家的文化交流与合作提供宝贵的机遇。

其次,自贸区发展为上海拓展"一带一路"文化交流合作提供便利条件。据据统计,截至 2016 年年底,上海自贸区已在 25 个"一带一路"沿线国家投资了 108 个项目,在 14 个"一带一路"国家设立了境外投资机构,未来,上海自贸区还将在"电信、互联网、文化、文物"等专业服务业领域"进一步放宽投

---

① 闫昆仑,袁静,张婧,李思明.2018 年中国互联网行业文化出海分析[J].国外社会科学,2019(02):105 - 111.

② 荣跃明.上海文化交流发展报告(2017)[M].上海:上海人民出版社,2017:145 - 146.

资准入……加大扩大开放的压力测试"①。2019 年 9 月,上海自贸区同时启动中国(上海)自由贸易试验区版权服务中心和上海国际艺术品保税服务中心,这意味着"上海自贸区文化产业已经形成了一个平台、五大中心的'1＋5'产业阵型","基本可以覆盖文化艺术产业链各个环节的公共服务、通道服务和配套服务四大主力板块"②。此外,在上海市的统一指导下,上海东方网电子商务正积极推进"东方网'一带一路'对外文化贸易促进平台"建设。这些举措为上海扩大"一带一路"文化贸易、提升"一带一路"文化能力提供了宝贵的机遇。

最后,国家和上海出台多项文化创意产业发展促进政策。《国家"十三五"时期文化发展改革纲要》《文化部"十三五"时期文化发展改革规划》等国家规划提出了一系列促进文化创意发展的有利政策。《电影产业促进法》《中央文化企业国有资产监督管理暂行办法》等法律法规为响应的文化创意产业行业发展壮大提供法律保障。上海也出台了《关于加快本市文化创意产业发展创新发展的若干意见》,绘制了面向 2035 的上海文化创意产业发展路线图。在这些有利政策的推动下,上海文化创意产业的规模持续扩大,产品结构也不断得到优化和提升。文化创意产业发展水平是一国文化实力和国际竞争力的重要体系,因此,上海文化创意产业的快速发展,也将提升上海推进"一带一路"文化交流与合作的能力。

四、上海参与"一带一路"国际文化合作与交流的挑战分析

首先,"一带一路"国家与民族众多,政治、经济发展处于不同的阶段,文化、社会乃至宗教等各方面情况十分多源,有效的文化合作与交流需要建立在不同国家相关情况精准把握的基础上。虽然目前,不少专家都已经提出,开展"一带一路"文化合作与交流,要注重"一国一策",但由于时间紧、任务

---

① 吴凯.上海自贸区已在 25 个沿线国家投资 108 个项目[EB/OL]. https://www.yidaiyilu.gov.cn/xwzx/gnxw/16486.htm,2017－06－19/2020－01－16.

② 刘礼福.上海自贸区同启两大中心,加快建设世界艺术品交易中心步伐[J].艺术市场,2019(10):104－105.

重,相关调研工作进展缓慢,面向"一带一路"的文化产品供应存在供需错位的问题。

其次,跨文化及小语种人才储备不足。随着"一带一路"建设的不断推进,沿线国家在文化、社会、宗教乃至价值观等方面的差异也不断凸显,能否及时地培养一批"熟悉'一带一路'沿线各国文化的新时代跨文化特色人才"将直接影响到"一带一路"建设的实际成效①。虽然上海的教育资源丰富,且已充分意识到"一带一路"跨文化人才培养的重要性,但总的来看,跨文化及小语种人才的缺乏仍对上海推进"一带一路"文化交流与合作形成了十分现实的制约,"上海的文化创意人才只占全市从业人员约 1%,而纽约却占12%……除了上海外国语大学能开设多种语言外,其他高校开设的语言种类非常有限……远远满足不了'一带一路'建设对各类人才的要求。"②

最后,"一带一路"文化交流合作容易受到国际政治经济形势变动的影响。作为一项面向全球的"地缘大战略"③,"一带一路"建设过程中将不可避免地遭遇种种地缘政治的挑战,这些挑战可能是来自"美、俄、日、印等大国的全球性风险挑战",也可能"来自中小国家和非国家行为体的地区性风险挑战"④,在一些时候,地缘政治的变动和挑战也会对"一带一路"文化交流产生不利的影响。譬如,由于捷克首都布拉格在一些涉及中国核心利益的问题上屡次采取错误行动,上海市人民政府外事办公室公开宣告解除上海与布拉格的友城关系⑤。

---

①　吕璀璀,宋英杰.高校培养跨文化人才 助力"一带一路"建设[J].人民论坛,2019(21):133 - 135.

②　秦淑娟,李邦君,陈朝霞."一带一路"下的上海对外文化贸易发展新机遇及路径研究[J].上海对外经贸大学学报,2016,23(04):35 - 44.

③　杜德斌,马亚华."一带一路":中华民族复兴的地缘大战略[J].地理研究,2015,34(06):1005 - 1014.

④　王卫星.全球视野下的"一带一路":风险与挑战[J].人民论坛·学术前沿,2015(09):6 - 18.

⑤　上海将布拉格"删除好友"[EB/OL]. http://finance.sina.com.cn/wm/2020 - 01 - 14/doc-iihnzhha2475521.shtml, 2020 - 01 - 14/2020 - 01 - 16.

第四节　"一带一路"国际文化交流与合作的实际成效

2016 年 12 月 29 日,文化和旅游部印发《文化部"一带一路"文化发展行动计划(2016—2020 年)》,从"文化交流合作机制逐步完善""文化交流合作平台基本形成""文化交流合作品牌效应充分显现""文化产业及对外文化贸易渐成规模"提出了 2016—2020 年间"一带一路"文化发展行动的预期目标,也为全国各省市开展"一带一路"国际文化合作与交流工作提供了基本的指南。有鉴于此,本书也拟从这四个方面对"一带一路"背景下上海推进国际文化合作与交流的实际成效进行评估。

一、文化合作交流机制建设成效

(一)着力加强部省规划的对接,制定"一带一路"文化交流行动计划

"强大的国家目标实现能力是中国体制的重要特征"[①],而制定执行具有连续性的发展规划则是我国推动国家目标实现的重要手段。譬如,2003 年以来,在新闻出版"走出去"国家和地方发展规划的指引下,中国出版业不断创新"走出去"模式,提高"走出去"的质量和效益,有效支撑了中国故事的全球出版传播[②]。"一带一路"倡议提出以来,国家有关部门不仅在常规性发展规划中纳入与"一带一路"有关的工作安排,还制定了一些服务"一带一路"倡议的专项计划,初步建立了有利于"一带一路"文化交流合作的政策保障体系。

在国家规划指引下,上海也根据自身特点,完成了对接国家"一带一路"

---

① 鄢一龙.五年规划:一种国家目标治理体制[J].文化纵横,2019(03):76-86+143.
② 王大可."走出去"指引下的中国出版业国际化之路[J/OL].科技与出版:1-4[2020-03-04].https://doi.org/10.16510/j.cnki.kjycb.20200219.002.

文化发展行动的规划编制。譬如,2017年10月,上海即制定发布《上海服务国家"一带一路"建设发挥桥头堡作用行动方案》,专门列出"人文合作交流转型行动"板块,对提升上海参与"一带一路"文化交流合作的工作重点做出专项部署。在一些常规性工作中,上海也注意嵌入"一带一路"新内容。譬如,在上海市新闻出版局印发的《打响"上海出版"品牌三年行动计划(2018—2020年)》中,多次提到要着力开拓"一带一路"沿线国家市场,树立"上海出版"的全球品牌形象。此外,在科技合作、智库建设等相关领域,上海也制定了一系列推进"一带一路"交流合作的工作计划,如《"一带一路"青年科学家交流国际合作项目指南》等。

(二)推进国际友好城市交流合作,"一带一路"国际友城占比超过50%

当今世界,虽然国家仍然是国际关系中最重要的行为主体,但正如一些研究者所说,"全球化促进了国际行为体的多层化趋势",特别是"作为次国家行为体典型代表的城市,作用越来越重要"①。在国际文化合作交流领域,这一趋势表现得更为明显。譬如,与传统意义上的外交不同,当前在世界各国广泛实践的公共外交,十分强调国家之外的城市、媒体、跨国公司、民间机构乃至公民自身等多样主体的广泛参与,为国家间的交流与合作开辟多层次的渠道和空间。在"一带一路"建设中,甚至有研究者提出了通过"支点城市"整合"一带一路"合作网络的理论构想。② 虽然这个概念是在经贸合作的领域中提出的,但对于"一带一路"文化交流交流,也具有启发性,《推动共建丝绸之路经济带和21世纪海上丝绸之路的愿景与行动》也明确指出要"开展城市交流合作,欢迎沿线国家重要城市之间互结友好城市"③。

　①　储斌,杨建英."一带一路"视域下城市外交的动力、功能与机制[J].青海社会科学,2018(03):47-53+87+2.

　②　王文,刘英等."一带一路"国际贸易支点城市研究[M].北京:中信出版社,2015.

　③　国家发展改革委 外交部 商务部.推动共建丝绸之路经济带和21世纪海上丝绸之路的愿景与行动[N].人民日报,2015-03-29(004).

表 6 - 1   上海国际友城关系建立情况(2014—2019)

城市	国家	所属州	结好时间	友城类型
孟买	印度	亚洲	2014.9.18	市级友好城市
休斯敦	美国	北美洲	2015.6.4	市级友好城市
曼谷	泰国	亚洲	2015.05.10	市级友好城市
索菲亚	保加利亚	欧洲	2016.06.02	市级友好城市
贝尔格莱德	塞尔维亚	欧洲	2018.05.21	市级友好城市
利马市	秘鲁	南美洲	2018.7.20	市级友好城市
明斯克市	白俄罗斯	欧洲	2019.11.08	市级友好城市
影岛区	韩国	亚洲	2014.09.29	区(镇)级国际友好城市
巴尔市	黑山	欧洲	2015.06.12	区(镇)级国际友好城市
沃尔夫斯堡市	德国	欧洲	2015.10.08	区(镇)级国际友好城市
索波特市	黑山	欧洲	2017.06.12	区(镇)级国际友好城市
帕皮提市	德国	欧洲	2017.09.11	区(镇)级国际友好城市
帕罗奥多市	波兰	欧洲	2018.03.05	区(镇)级国际友好城市
科莫市	意大利	欧洲	2018.05.19	区(镇)级国际友好城市
萨波潘市	秘鲁	南美洲	2019.05.06	区(镇)级国际友好城市

　　作为中国对外开放的排头兵,上海素来重视城市公共外交。"一带一路"倡议提出以来,上海不仅注重利用"一带一路"机遇,为长期保持的国际友城合作注入新的内容,譬如推动上海历史博物馆与雅典卫城博物馆的战略合作,深化上海与比雷埃夫斯市等希腊友好城市的文化交流合作,还注重与"一带一路"沿线国家城市缔结新的友城关系。据统计,"截至 2018 年 4 月底,我国已与 61 个'一带一路'国家建立了 2013 对友好城市,占对外友好城市的 40.18%"①,而 2014 年以来,上海已与 15 个城市结为友好城市,其中"一带一路"国家城市有 8 个,占比 53.3%。

----

① 国家信息中心"一带一路"大数据中心.一带一路大数据报告(2018)[M].北京:商务印书馆,2018:14 - 15.

　　除此之外,上海还通过发起成立"一带一路"友好城市文旅联合推广网络,主办"一带一路"上海友好城市象棋邀请赛等多种形式,丰富"一带一路"城市文化交流合作的内容。从 2009 年开始,为促进上海和国际友好城市青少年间的交流合作,上海市教育委员会连续主办"上海国际友好城市青少年夏令营"。近年来,夏令营更加注重邀请"一带一路"相关国家和地区的友城参与,已发展成为具有广泛影响力的国际文化交流合作品牌,从 2017 年起,被纳入上海市服务国家"一带一路"建设之"人文合作交流转型行动"。

　　(三)牵头成立国际艺术节联盟,列为"一带一路"国际合作重要成果

　　文化交流合作是"一带一路"建设的重要组成部分。2015 年 3 月,国务院授权发布的《愿景与行动》,明确把"人文交流更加深入,不同文明互鉴共荣"列为中国政府推进"一带一路"建设的框架思路①。国家主席习近平在有关"一带一路"的重要讲话中,也反复强调要"坚持经济合作和人文交流共同推进,注重在人文领域精耕细作⋯⋯为'一带一路'建设打下广泛社会基础"②,把"一带一路"建成文明之路,"以文明交流超越文明隔阂、文化互鉴超越文明冲突"③。正因为此,在我国与"一带一路"国家签署的政府间合作协议中,一般都会涉及与文化交流合作有关的内容。根据文化和旅游部发布的文化发展统计公报,截至 2017 年年底,我国已"与 157 个国家签署了文化合作协议,累计签署文化交流执行计划近 800 个"④。

---

　　①　国家发展改革委 外交部 商务部. 推动共建丝绸之路经济带和 21 世纪海上丝绸之路的愿景与行动[N]. 人民日报,2015 - 03 - 29(004).

　　②　李贞. 习近平谈"一带一路"[N]. 人民日报海外版,2017 - 04 - 12(005).

　　③　朱竞若. 习近平出席"一带一路"国际合作高峰论坛开幕式并发表主旨演讲[N]. 人民日报,2017 - 05 - 15(001).

　　④　宋汉晓. 以侨为桥通世界 以文会友共筑梦——"一带一路"与文化传承[C]. 中共北京市委统战部、北京社会主义学院. 统一战线与"一带一路":2019 统一战线前沿问题研究文集. 中共北京市委统战部、北京社会主义学院:北京社会主义学院,2019:182 - 191.

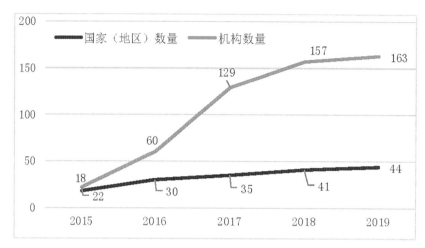

图 6 - 1　丝绸之路国际艺术节联盟规模变化

　　为落实这些政府间文化合作协议,文化和旅游部及各地政府积极推动成立"丝绸之路国际图书馆联盟""丝绸之路国际博物馆联盟"等国际文化交流合作联盟,上海发起的"丝绸之路国际艺术节联盟"也是这些联盟中的重要成员。"丝绸之路国际艺术节联盟"的前身是上海国际艺术节于 2015 年年初发起的丝绸之路国际艺术节合作网络,当时该网络得到 18 个国家的响应。2017 年 10 月,在该合作网络的基础上,上海国际艺术节中心牵头成立"丝绸之路国际艺术节联盟",成员单位包括以色列艺术节、中东欧艺术节总监团等沿线 35 个国家的 129 个艺术节和机构。截至 2019 年 10 月,该联盟的成员单位已扩容至 44 个国家和地区的 163 家艺术机构。在 2019 年 4 月召开的第二届"一带一路"国际合作高峰论坛上,"丝绸之路艺术节联盟"及其发布的《2018 丝绸之路国际艺术节联盟合作计划》被列入第二届"一带一路"国际合作高峰论坛成果清单①。

　　(四)拓展教育国际交流与合作,"一带一路"国家来华留学生占比过半

　　教育国际交流与合作在"一带一路"人文交流与合作中占据重要地位。近年来,上海市积极开展各层次的"一带一路"教育合作交流,提高了上海乃

　　① 第二届"一带一路"国际合作高峰论坛成果清单[N]. 人民日报,2019 - 04 - 28(005).

至全国教育的国际化水平,也增进了"一带一路"青年学子对我国的了解,培养了一批"讲好中国故事"的域外人才。据统计,2017 年,共有 185 个国家或地区的 60 771 名外国留学生在上海市 42 所高校(科研机构)就读,其中来自"一带一路"沿线国家和地区的留学生就有 3 万余名,约占上海高校来华留学生总数的 50%①。

　　上海还积极推动上海政法学院"中国—上海合作组织国际司法交流合作培训基地",上海外国语大学"中阿改革发展研究中心"等重点基地和中心建设②,不断丰富"一带一路"国际教育交流合作的层次和样式。譬如,上海电力学院牵头成立"'一带一路'能源电力国际人才培养基地",于 2016 年 11月、2017 年 10 月先后两次举行"一带一路"沿线国家能源电力人才高级研修班,接受了来自俄罗斯等 18 个"一带一路"国家 40 多名能源电力领域从业人员参加培训③。2017 年,上海市侨办和复旦大学联合主办"一带一路"沿线国家华侨华人社团负责人研习班,吸引"一带一路"沿线 23 个国家 40 个侨团的 45 名社团负责人和骨干参加,增强了海外侨领对"一带一路"倡议战略机遇的认识④。

二、文化交流合作平台建设成效

(一)组建上海孔子学院工作联盟,推进"一带一路"孔子学院建设布局

　　从 2004 年 11 月,首家孔子学院在韩国首尔挂牌成立以来,截至 2019 年年底,国家汉办已在全球 162 个国家或地区建立了 541 所孔子学院和 1 170个孔子课堂。其中,建立作为在国际舞台上推广汉语、传播中国文化的重要机构,孔子学院的快速发展丰富了"向世界展现真实、立体、全面的中国"的

　　① 葛静怡.(二)高等教育　上海高校(科研院所)外国留学生教育//周慧琳 主编,上海年鉴,《上海年鉴》编辑部,2018,324,年鉴.

　　② 栾雪莲,葛静怡.(五)教育管理　上海教育国际交流与合作//周慧琳 主编,上海年鉴,《上海年鉴》编辑部,2018,330,年鉴.

　　③ 陈静."一带一路"沿线国家青年留学上海持续"升温"[EB/OL]. https://www.yidaiyilu.gov.cn/xwzx/dfdt/30336.htm, 2020 - 02 - 10.

　　④ 吴国权.(五)侨务工作　"一带一路"沿线国家华侨华人社团负责人研习班//周慧琳 主编,上海年鉴,《上海年鉴》编辑部,2018,101,年鉴.

探索与实践，支撑着中外文明的彼此交融、相互借鉴。

表 6‐2   "一带一路"国家孔子学院、孔子课堂建设情况（截至 2019 年 12 月）

区域	孔子学院 （个数）	上海参建 孔子学院 （个数）	孔子课堂 （个数）	上海参建 孔子课堂 （个数）
亚洲	蒙古国(3)、新加坡(1)、马来西亚(5)、印度尼西亚(8)、泰国(16)、老挝(2)、柬埔寨(2)、越南(1)、文莱、菲律宾(5)、印度(4)、巴基斯坦(5)、孟加拉(2)、阿富汗(1)、斯里兰卡(2)、马尔代夫(1)、尼泊尔(2)、哈萨克斯坦(5)、乌兹别克斯坦(2)、塔吉克斯坦(2)、吉尔吉斯斯坦(4)、伊朗(2)、土耳其(4)、黎巴嫩(1)、以色列(2)、巴勒斯坦(1)、沙特阿拉伯(1)、阿联酋(2)、巴林(1)、格鲁吉亚(2)阿塞拜疆(2)、亚美尼亚(1)	上海政法学院(1)、上海外国语大学(1)、上海大学(2)	蒙古国(2)、新加坡(2)、马来西亚(1)、缅甸(3)、泰国(11)老挝(1)、印度(3)、巴基斯坦(2)、孟加拉(1)、斯里兰卡(2)、尼泊尔(2)	华东师范大学(1)
非洲	埃及(2)		埃及(3)	
欧洲	俄罗斯(19)、塞浦路斯(1)、白俄罗斯(6)、乌克兰(6)、波兰(6)、爱沙尼亚(1)、拉脱维亚(1)、捷克(2)、斯洛伐克(3)、匈牙利(5)、斯洛文尼亚(1)、克罗地亚(1)、波黑(2)、黑山(1)、塞尔维亚(2)、阿尔巴尼亚(1)、罗马尼亚(4)、保加利亚(2)、马其顿(1)、希腊(3)	上海财经大学(1)、上海对外经贸大学(3)、上海外国语大学(2)	俄罗斯(4)、乌克兰(2)、白俄罗斯(1)、捷克(1)、斯洛伐克(1)、匈牙利(1)、黑山(1)、罗马尼亚(1)	上海外国语大学附属中学(1)

近年来,如何在"一带一路"倡议下,优化孔子学院布局,成为关注的热点。上海具有丰富的高等教育资源,在与海外高校共建孔子学院工作上,走在全国前列。2016 年 12 月,在上海市教委的倡议下,"上海孔子学院工作联盟"揭牌成立,该联盟的一个重点便是积极参与"一带一路"建设,协同推进上海孔子学院(课堂)工作。据统计,截至 2019 年 12 月,上海已有 6 所高校和 1 所中学在"一带一路"国家建立了 11 个孔子学院和 2 个孔子课堂。上海参建的孔子学院不仅结合当地特色,组织汉语教学、文化交流等系列活动,还积极承担上海与"一带一路"国家文化交流纽带的职能,促进了上海城市形象在"一带一路"国家的传播与接受[①]。譬如,2019 年 1 月 25 日至 1 月 31 日,泰国普吉孔子学院举办"大美中国"文化体验系列活动,上海大学上海美术学院艺术家不仅在体验区现场示范手工艺技巧,还开展了一系列传统手工艺讲座,"让泰国观众看到这个工艺的当代传承和多元面貌……促进中泰两国人文艺术的交流。"[②]

(二)利用国际艺展资源集聚优势,拓宽"一带一路"国际文化交流渠道

上海是我国文化艺术类节庆、展览活动最丰富的城市之一。从 20 世纪 80 年代开始,上海即开始摸索主办了多个艺术节、展览活动。发展至今,上海国际艺术节已经成为经国务院批准,由文化部主办、上海市人民政府承办的国家级国际艺术节,上海国际电影节也是我国第一个获国际电影制片人协会认可的全球 15 个国际 A 类电影节之一。根据有关方面发布的数据,2019 年上海国际艺术节吸引了"来自 65 个国际和国内 27 个省市自治区及港澳台地区的 1.5 万名艺术工作者汇聚申城"[③],2019 的上海电影节更是收到来自 112 个国家和地区的 3 964 部作品报名参赛[④]……这些国际艺术节庆活动,已经成为最为亮眼的上海文化名片,有力支撑了上海卓越全球城市

---

① 荣跃明.上海文化交流发展报告(2018)[M].上海:上海人民出版社,2018:95 - 96.

② 孙广勇.泰国普吉孔院举办"大美中国"文化体验系列活动[EB/OL]. https://www. yidaiyilu.gov.cn/xwzx/hwxw/78677.htm,2020 - 02 - 10.

③ 葛怡婷.上海国际艺术节从规模到体量迈向新高度[N].第一财经日报,2019 - 11 - 20 (A12).

④ 曹玲娟.上海电影节 扩大朋友圈[N].人民日报,2019 - 06 - 20(012).

建设。

表 6 - 3   上海国际艺展拓展"一带一路"文化交流成效举例(2015—2019)

国际艺展名称	年份	"一带一路"文化交流事项举例
上海国际艺术节、	2015	发出"一带一路"文化艺术合作倡议; 建立"一带一路"艺术节合作发展网络
	2016	"一带一路"艺术节合作发展网络扩容;
	2017	成立"丝绸之路国际艺术节联盟"; 举办"一带一路"国际艺术节发展论坛
	2018	专设"一带一路"沿线国家交易会展厅
	2019	设置"丝绸之路艺术节"展区; 基本"一带一路"艺术教育联席会议
上海国际电影节	2015	设立"丝绸之路"影展单元
	2016	设立"一带一路"影展单元
	2017	建立"一带一路"电影文化交流合作机制; 47 个"一带一路"国家的 1016 部影片报名参展
	2018	成立"一带一路"电影节联盟; 举办"一带一路"电影周、电影之夜; 启动"一带一路"电影巡展机制
	2019	"一带一路"电影节联盟扩容; 53 个"一带一路"国家的 1875 部影片报名参展

近年来,上海积极响应国家倡议,通过在"一带一路"国家中扩大朋友圈、加强"一带一路"文化元素嵌入等多种手段,借力这些闻名海外的国际艺术节庆活动,有效提升了"一带一路"国际文化交流与合作的效率。譬如,2018 年,上海国际电影节发起成立由 29 个国家、31 个电影节机构组成的"一带一路"电影节联盟,2019 年,联盟成员已经增加至 33 个国家的 38 家电影节机构。依托"一带一路"电影节联盟,上海国际电影节成功开启"一带一路"电影巡展机制。在 2019 年的上海国际电影节征片中,"一带一路"沿线

53 个国家和地区申报了 1 875 部影片①,占全部报名影片的 47.3%。

此外,上海举办的其他大型展览、节庆活动,也都相继嵌入与"一带一路"文化交流有关的内容。譬如,2017 年第 34 届上海之春国际音乐节开幕演出《中国故事——敦煌》,闭幕演出《丝路追梦》,通过挖掘"一带一路"音乐资源,"用艺术缔结新的文明纽带"②,2017 年上海市旅游节主题定位"相约一带一路",2018 年 6 月举办的第 24 届上海电视节首次设立"一带一路"主题馆。2018 年,上海多家旅游企业、文化传播企业参与主办"一带一路"2018 年汉堡——上海文使者跨越欧亚新丝路活动,来自欧洲各行业的文化使者们途经 8 个国家,历时近两个月,行程 13 000 多公里,"体验了新丝绸之路的魅力,也感受到了'一带一路'倡议给沿线国家带来的活力"③。

(三)发挥驻沪国际组织带动效应,促进"一带一路"经贸文化双轨并行

国际组织入住率是评价一个城市国际化水平高低的重要指标。虽然和纽约、伦敦等世界公认的全球城市比,上海的国际组织入驻率并不高,但也有超过 1 100 家政府与非政府国际组织在沪活动,"经中央主管部门审批或经我市业务主管部门审批后在沪注册的非政府国际组织"也有 30 余家④。当前,上海正努力营造吸引国际组织入驻软环境,争取吸引更多的跨国公司总部、金融机构及其他经济型组织落户。

越来越多国际组织的入驻为上海提升国际文化交流与传播的能力提供了宝贵的契机。2014 年,上海合作组织第 13 次峰会明确深化上海合作组织各领域合作,落实共建丝绸之路经济带⑤。经过数年的努力,上海合作组织正成为与沿线各国共建"一带一路"的全方位区域合作平台,签署文化合作交流领域多份重要文件,"举行近百次艺术节、运动会、冬令营、培训班等成

---

① 李君娜.国际电影节"朋友圈"再扩容[N].解放日报,2019 - 06 - 16(002).

② 徐璐明."一带一路"成"上海之春"最强音[EB/OL]. https://www.whb.cn/zhuzhan/kandian/20170519/92367.html, 2017 - 05 - 19/2019 - 10 - 16.

③ "一带一路"2018 年汉堡——上海文化使者跨越欧亚新丝路活动收官[EB/OL]. http://sh.chinadaily.com.cn/2018 - 07/06/content_36527661.htm, 2018 - 07 - 06/2019 - 11 - 21.

④ 陈智辉,廖其红,麦珏.吸引国际组织落户 打造卓越全球城市[J].党政论坛,2018(01):52 - 54.

⑤ 李立凡.共建"丝路带",提升上合一体化发展[N].解放日报,2014 - 09 - 10(008).

员国广泛参与的活动"①。

2018 年 11 月和 2019 年 11 月,首届和第二届中国国际进口博览会两次在上海召开,为推进上海高水平开放,进一步发展"一带一路"国际文化合作交流提供了宝贵的机遇。首届进博会有全球 172 个国家、地区和国际组织参会,其中包括 53 个"一带一路"沿线国家②。"进博会"结束后,上海还通过设立"一带一路"沿线国家移动馆等措施,进一步扩大"一带一路"沿线国家商品和文化展示力度,"承接进博会溢出效应",促进"一带一路"文化交流③。

三、文化交流合作品牌建设成效

(一)推动共建文旅联合推广网络,"一带一路"播撒魅力上海的品牌形象

"旅游是世界经济的一个多层面的关键发展参数……也是有效的外交途径,推动了人文交流,为社会的和谐发展作出了贡献。"早在 20 世纪 90 年代初,世界旅游组织就提出了丝绸之路旅游的构想。2009 年以来,该组织每年都出台丝绸之路行动计划,引导丝绸之路沿线国家促进丝绸之路旅游的健康发展④。促进"一带一路"文化和旅游合作,也是"一带一路"文化交流工作的重要组成部分。

上海多次组织"一带一路"沿线国家驻沪外事人员、旅游业者实地考察上海旅游文化资源,还与"一带一路"沿线城市与国家签约共建"一带一路"友好城市文旅联合推广网络,加强在文化旅游领域的交流与合作。此外,上海还根据实际需求,及时开辟新的航线,为"一带一路"旅游合作保驾护航。譬如 2017 年 10 月,上海开通直飞布鲁塞尔的航线,深化了中国与比利时之

---

　　①　上海合作组织(Shanghai Cooperation Organization)[EB/OL]. https://www.yidaiyilu.gov.cn/zchj/rcjd/15280.htm, 2017 - 06 - 15/2019 - 11 - 21.

　　②　吕文利."一带一路"五年来中外文化交流成果丰硕[EB/OL]. https://www.yidaiyilu.gov.cn/xwzx/gnxw/72756.htm, 2018 - 11 - 27/2019 - 10 - 25.

　　③　郑钧天.上海设立"一带一路"沿线国家移动国别馆 承接进博会溢出效应[N].经济参考报, 2019 - 12 - 03(006).

　　④　张睿,金磊,丁培毅."一带一路"背景下的丝路文化软实力建设——国际旅游发展新动力[J].旅游学刊,2017,32(06):1 - 3.

间人文交流和旅游合作。

2017 年 10 月,上海首次派团参加国家旅游局和广西壮族自治区人民政府主办的"中国—东盟动漫博览会旅游展",通过播放《我们的上海》上海旅游形象推广片等措施,推介上海的旅游形象和旅游资源,获博览会"最佳组展奖"①。2018 年,上海在匈牙利和克罗地亚举行上海旅游推介会,主动开拓中东欧潜在旅游市场。此外,上海还在常规性中高级导游职业能力提升研修班上,加入与"一带一路"文化与旅游融合发展的内容,提升旅游从业人文对"一带一路"文化旅游建设的认识和实践能力②。

(二)聚焦国际青年汉学家关键群体,全力打造丝绸之路"文化使者"名片

汉学家是国外学术界专门从事中国人文社会问题研究群体的统称。和普通民众相比,汉学家群体对中国的了解程度较深,是中外人文与学术交流中的关键节点,是足以影响海外民众中国观的"意见领袖"。2004 年,为促进海内外中国研究专家学者的交流与合作,上海社会科学院开始举办年度性"世界中国学论坛"。2010 年后,该论坛改由国务院新闻办公室和上海市政府共同主办,发展至今,已成为"集学术交流、学术引领、学术组织和学科建设/咨政建言为一体的多功能平台""在推动中国理念的国际传播上形成了有效合力"③。

"一带一路"倡议以来,上海依托世界中国学论坛的良好基础,多次主办或参与主编国际青年汉学家研讨会、研修班,为汉学家们创造接触中国现实、了解"一带一路"倡议的机会。譬如,2017 年青年汉学家研修计划(上海班)组织学员就"一带一路"建设与发展,"一带一路"沿线各国之间的历史渊源与合作前景等议题展开讨论,多国学员在讨论中都表示了对"一带一路"

---

① 旅游市场推广处.上海首次参展"中国—东盟博览会旅游展"[EB/OL]. http://whlyj.sh. gov.cn/shswhhlyj/cysc/content/1c0f8808 - 8947 - 432e-8c10 - fec63a418426.html,2017 - 10 - 16/ 2019 - 10 - 25.

② 李昉昱.时代出版传媒投资研发中心(上海)公司成功举办上海市高级导游职业能力提升研修班[EB/OL]. http://www.press-mart.com/ArticleInfo—view—2jtdt—131976a2 - 5b12 - 43f6 - 9185 - ef45eab15f9f.shtml,2016 - 06 - 16/2019 - 10 - 25.

③ 张焮.凝聚国际共识 传播中国声音——世界中国学论坛和中国理念的国际传播[J].对外传播,2017(02):64 - 66.

倡议与所在国发展计划对接的期待①。2018 年 9 月 10 日,文化和旅游部主办、上海社会科学院承办的 2018 年青年汉学家研修计划在上海开班,共有 25 个国家的 33 名青年汉学家出席,多名青年汉学家在开班仪式上分享了自己参与"一带一路"文化交流与合作的经验,表示将把"给年轻一代推广关于中国国情和文化的知识,展示中国文化之深奥和伟大"作为自己的未来目标②。

2016 年 7 月举行的第九期"优秀华裔大学生文化参访团"吸引全球 16 个国家近 90 名优秀华裔大学生参加。此次文化采访团以"一带一路"为主题,在组织相应的文化采访的基础上,借助主题微电影、主题音乐电视等新兴媒介形式展现华裔青年眼中的"一带一路"发展成就和未来机遇③。2018 年,"孔子新汉学计划——青年领袖"来华研究团(艺术主题)团员在上海音乐学院参加相关文化交流活动。2019 年,上海交通大学承办国家汉办发起的 2019 孔子汉学计划"青年领袖—创新创业中国行",通过组织学员考察长三角地区的创新创业企业,增进其对当代中国科技创新、文化创意氛围的了解。

(三)主办国际性智库专家高端论坛,加大"一带一路"文化交流议程引导

当前,以智库、高校等为代表的多元化主题,在国际传播中发挥着愈加重要的角色和功能。上海高等教育资源丰富,在新型智库建设上也成效显著,"同城协同:上海高校智库建上海市高教系统在智库建设方面一直力争走在全国前列"④,近年来,上海充分发挥着两个方面的独特优势,组织了一系列以"一带一路"为主题的国际性高端论坛,不仅推进了"一带一路"智库、高校的合作与交流,还主动参与了"一带一路"文化交流议程的设置与引导。

2016 年 10 月,中国社会科学论坛·第三届中国—中东欧论坛在上海举

---

　　① 全球视野中的"一带一路"[N]. 文汇报,2017 - 10 - 17(012).

　　② 陈瑜. 从旁观的"他者"到文化交流的使者,听青年汉学家讲他们的中国故事[EB/OL]. https://ics.sass.org.cn/2018/0911/c1636a42421/page.htm, 2018 - 09 - 11/2019 - 10 - 03.

　　③ 朱伟."丝路青年行"16 个国家多名华裔大学生参访沪闽四地[EB/OL]. http://shzw. eastday.com/shzw/G/20160726/u1ai9559576.html, 2016 - 07 - 26/2019 - 11 - 26.

　　④ 沈国麟. 同城协同:上海高校智库建设实践探索[N]. 中国社会科学报,2018 - 08 - 23(002).

行,11 个中东欧国家级以及俄罗斯、乌克兰等国相关机构的代表参加了会
议①。2017 年,上海外国语大学丝路战略研究所举办"丝路学·国际论坛",
多位"一带一路"国家驻华外交使节与专家学者参加研讨②。2018 年 10 月,
上海举办世界城市文化论坛,多国专家围绕"一带一路"文化交流与文化品
牌建设展开深入研讨③。同月举行的"2018 年上海全球智库论坛"则聚焦
"一带一路"建设中的智库因素,分析研讨了国际智库视角中的"一带一路",
"一带一路"建设中的债务与税务,"一带一路"第三方合作中中国的海外利
益保护等问题④。2019 年 9 月,第八届世界中国学论坛"一带一路"专场暨第
二届"一带一路"上海论坛在上海国际会议中心召开,论坛围绕促进共建"一
带一路"高质量发展这一主题进行了广泛的交流和研讨⑤。2019 年 10 月,第
二届世界顶尖科学家论坛在上海召开,国家主席习近平向论坛致贺信⑥。

四、文化产业及文化贸易发展成效

(一)发挥国家对外文化贸易基地功能,实现"一带一路"文化贸易做大做强

2011 年,上海积极落实中央关于推动中华文化"走出去"的有关部署,在
"上海国际文化服务贸易平台"基础上成立"国家对外文化贸易基地",为我
国文化产业发展壮大,为国内文化企业开拓国际市场提供积极的服务与支
撑,"对外文化贸易加快发展,对外文化贸易基地累计集聚文化行业企业近
500 家"。⑦ "一带一路"倡议提出以来,国家对外文化贸易基地在东亚、东南
亚、中东欧等"一带一路"沿线国家和地区组织了一系列文化产业和文化贸

---

① 中国社会科学论坛·第三届中国—中东欧论坛在上海举行[J].世界知识,2016(22):79.
② 闵捷."丝路学·国际论坛"(2017·上海)会议综述[J].新丝路学刊,2018(01):162-167.
③ 查建国.关注一带一路建设中的文化交流[N].中国社会科学报,2018-10-29(001).
④ 李凌,陈雨川.国际秩序变化与智库高质量发展——"2018 年上海全球智库论坛"会议综述[J].智库理论与实践,2018,3(06):71-77.
⑤ 第二届"一带一路"上海论坛成功举办[J].国外社会科学前沿,2019(12):85.
⑥ 白星星.习近平致贺信 第二届世界顶尖科学家论坛举行[J].中国会展(中国会议),2019(22):18.
⑦ 开发区域　中国(上海)自由贸易试验区//王德忠 主编.上海经济年鉴[G].上海经济年鉴社,2017:388-389.

易促进活动。譬如,2017 年,国家对外文化贸易基地"组织上海文化企业赴新加坡举办'中新文化贸易促进系统活动',参加 2017 年世界游戏博览会、美国演艺出品人年会、全美电视节目专业协会年会、科隆游戏展等全球重点文化展会",并"在上海自贸试验区举办文化授权交易会。"①

在相关举措的促进下,上海与"一带一路"文化贸易的活跃程度不断提升,"与上海开展文化贸易的国家数量较往年有极大提升,上海与东南亚各国、印度、阿联酋等'一带一路'国家的文化贸易进出口总额也有大幅增长。"②从 2016 年开始,上海便设立"一带一路"新闻出版项目专项资金,支持上海图书出版机构与"一带一路"国家的出版交流合作,当年即资助了全市出版机构的 26 个"一带一路"出版项目,"上海翻译出版促进计划"也有意识地向"一带一路"沿线国家。2017 年,仅少年儿童出版社就一次性向"一带一路"沿线国家摩洛哥输出 222 种图书③。在 2018 年的北京国际图书博览会上,上海展团达成版权输出 171 项④。2018 年上海书展以"旅行的意义"为主题,邀请 30 多位海内知名作家从文学角度阐发"一带一路"的意义⑤。

(二)丰富"一带一路"文化贸易主体,文化贸易投资平台获立文化部重点项目

2017 年上海发布《关于加快本市文化创意产业创新发展的若干意见》,提出要做强做优各类市场主体,加大市场主体培育力度,建立健全现代文化市场体系。据统计,目前仅国家对外文化贸易基地"累计集聚文化行业企业

---

①   徐靖逸.二十四、文化艺术 (一)综述//周慧琳 主编,上海年鉴[G].《上海年鉴》编辑部,2018:332 – 334.

②   胡云华,郑海鳌.深化自贸试验区对外文化贸易改革,助力上海文化品牌建设[J].科学发展,2018(03):71 – 76.

③   上海出版物对外版权贸易高速增长 部分领域实现贸易顺差[EB/OL]. http://cbj.sh.gov.cn/cms/realPathDispather.jsp? resId=CMS0000000009234295,2018 – 05 – 02/2019 – 09 – 05.

④   BIBF 闭幕,上海版权输出 171 项助推沪版好书"出海"[EB/OL]. http://cbj.sh.gov.cn/cms/realPathDispather.jsp? resId=CMS0000000009835936,2018 – 08 – 28/2019 – 09 – 05.

⑤   2018 上海书展暨"书香中国"上海周首场新闻发布会举行[EB/OL]. http://cbj.sh.gov.cn/cms/realPathDispather.jsp? resId=CMS0000000009857286,2018 – 07 – 30/2019 – 09 – 05.

近 500 家"①。此外,上海还在大力拓展"一带一路"文化投资,"2015 年,上海企业对'一带一路'沿线国家的投资项目达 24 个,总额 94.5 亿美元的中方投资占当年全国对'一带一路'国家投资总额的近六分之一","文化领域的对外投资虽数量规模还不大,但对'一带一路'倡议的全民实施,发挥了文化先行的独特影响和积极促进作用"②。

表 6 - 4　2017—2018 年上海地区入选国家文化出口重点企业和重点项目目录

文化出口重点企业			
上海第一财经传媒有限公司	上海大承网络技术有限公司	上海五岸传播有限公司	中国图书进出口上海公司
上海圣然信息科技有限公司	上海游娱信息技术有限公司	上海新文化传媒集团股份有限公司	上海复旦四维印刷有限公司
上海欣圣信息科技有限公司	上海驰游信息技术有限公司	上海炫动传播有限公司	上海当纳利印刷有限公司
上海世纪出版(集团)有限公司	上海今日动画影视文化有限公司	上海克顿文化传媒有限公司	上海皿鎏软件股份有限公司
上海杂技团有限公司	上海幻维数码创意科技有限公司	上海皆悦文化影视传媒股份有限公司	上海玄霆娱乐信息科技有限公司
上海唯晶信科技有限公司	宇人影业(上海有限公司)	上海中华商务联合印刷有限公司	
上海炫踪网络股份有限公司	上海电影集团有限公司	上海新闻出版发展有限公司	
文化出口重点项目			
1.超时空大冒险——上海今日动画影视文化有限公司			
2.国家对外文化贸易基地——上海东方汇文国际文化服务贸易有限公司			

　　① 　开发区域　中国(上海)自由贸易试验区//王德忠 主编.上海经济年鉴[G].上海经济年鉴社,2017:388 - 389.
　　② 　荣跃明.上海文化交流发展报告(2017)[M].上海:上海人民出版社,2017:53.

（续表）

3.上海五岸传播有限公司与美国中文电视 Sinovision 合作运营的中文和英文项目——上海五岸传播有限公司
4.第一财经国际市场拓展及"一财全球"英文财经资讯项目——上海第一财经传媒有限公司
5.中国上海国际艺术节——中国上海国际艺术节中心
6.上海文化贸易语言服务基地——上海文策翻译有限公司
7.上海国际艺术品展示交易服务平台项目——上海自贸区国际文化投资发展有限公司
8.《三毛流浪记》海外发行——上海美术电影制品厂有限公司
9.《白蛇传》海外演出——上海话剧艺术中心有限公司
10.赴阿联酋国庆 45 周年演出——上海鼓舞东方文化传播有限公司

在商务部、中宣部、财政部、文化部等多个中央部委组织的 2017—2018 年国家文化出口重点企业和重点项目认定中,上海共有 26 家公司和 10 个项目入选,入选数量位居全国前列。2018 年,上海东方网电子商务有关公司申报的"东方网'一带一路'对外文化贸易促进平台"被评为文化部"一带一路"文化贸易与投资重点项目。

第五节　"一带一路"国际文化交流与合作的短板与不足

一、文化合作力量分散,协同程度不够

"协同性与国际传播能力建设相辅相成",在世界范围内,美国之所以在

某些方面具有较强的国际传播能力,一个重要的原因就是其能"力求突破行政区隔的瓶颈,将与传播有关的各种要素(包括公共事务、公共外交、信息站、舆论战等)进行统合调配,形成美国国家利益、国家安全框架下整体性的传播战略布局"。① 与此相对,虽然上海在相关的规划文件中对"一带一路"文化合作与交流进行了整体性的规划与部署,但在具体的执行过程中,不仅没有实现不同政府部门间的有效协作,也没有充分整合政府之外文化交流活动与资源。总的来说,"一带一路"国际文化合作与交流力量分散,协同程度存在很大欠缺。

二、文化交流主体单一,社会基础薄弱

虽然通过制定执行一系列文化行动计划,上海与"一带一路"国家的文化交流取得了一定的成效,但政府主导型的文化合作模式,也带来"一带一路"文化交流较为单一,社会公众的参与热情并未得到充分调动等方面的问题,而正如研究者在谈论中国文化"走出去"相关问题时指出的,各类扶持政策需要在"激发企业主体面向国际市场的竞争力"的基础上才能真正实现优化②。因此,长期来看,如果缺乏有效的社会基础,"一带一路"文化交流难以行以致远,而这对"一带一路"民心相通建设也是不利的。

三、文化互动载体单调,形式创新有限

"一带一路"建设离不开文化交流③,但文化互动交流的载体则应该是多种多样的。根据学术界对文化外交的界定,狭义来说,其包括"政府间签订各项国际文化交流项目协议或计划、洽谈文化业务、组建或加入国际文化组织以及有关机构执行实施文化合作协议等",广义来说,"文化艺术、语言教学、图书出版、新闻传媒、体育交往、人员交流、文化遗产保护、信息服务、义

---

① 程曼丽.国际传播能力建设的协同性分析[J].电视研究,2014(06):16-17.

② 朱春阳.扶持政策如何才能效能优化——基于我国出版业"走出去"驱动力结构的分析[J].编辑学刊,2013(02):11-16.

③ 张海燕."一带一路"建设离不开文化交流[J].人民论坛,2019(04):136-137.

化产品贸易、文化援助,等等,都构成对外文化关系的主要内容"。① 对照而言,上海与"一带一路"国家的文化交流与合作很明显以政府间的文化交流合作为主,而对于更广泛意义上的文化交流形式,虽然多少都有所涉及,但合作的深度与密切程度是很不够的,形式上的创新也较为有限。

四、文化传播形式陈旧,影响范围不广

随着 5G、人工智能、移动互联网等新一地信息技术的发展,互联网成为全球信息传播的主要通道,数字技术成为国际文化交流的媒介,"先进的数字通信技术与其不断推陈出新的数字产品不仅传输信息,更担负着传播文化价值的功能,成为价值传播和文化渗透的重要媒介。"②"一带一路"沿线国家信息化发展总体上处于"中等"水平,且移动互联化趋势发展较晚③,而根据本书的研究,当前上海与"一带一路"沿线国家的文化交流仍以举行艺术展、互派艺术团体演出、合作开发旅游项目等为主,而即便是这些项目,也没有在互联网平台上进行多样化推广,"除了上海国际电影节,其他文化活动的国际媒体报道量都不大"④,影响范围不广。

五、文化贸易结构失衡,社会效益不佳

在全球知识经济时代,文化产业和对外文化贸易发展水平是一个国家国际传播能力的重要组成部分。一些研究表明,与报纸、书籍等传统媒介产品相比,外国民众特别是相关国家青年群体接触中国影视节目、艺术品、工艺品等文化产品的意愿更强⑤。换言之,至少相当一部分外国民众的"中国

---

① 欧阳安.文化外交的几个概念和关系[J].上海文化,2014(08):88-92.

② 张艺腾.数字信息化时代国际文化传播的特点及文化弱势国家的对策[J].中国石油大学学报(社会科学版),2016,32(06):82-86.

③ 国家信息中心"一带一路"大数据中心.一带一路大数据报告(2017)[M].北京:商务印书馆,2017:119.

④ 陈沛芹.上海文化活动国际影响力报告(2017)[M].北京:社会科学文献出版社,2017:4.

⑤ 藤依舒,杨越明,袁媛,李晗."一带一路"相关国家青年对中国文化的认知调查与中国文化传播策略研究[J].中国青年研究,2017(10):114-119+85.

观"更容易被各类文化产品所塑造,而这其实揭示出通过发展文化贸易来提升国际传播能力的思路①。虽然近年来,上海大力拓展"一带一路"文化贸易,但由于文化产业和文化贸易一直是上海文化建设短板,上海对"一带一路"国家文化贸易市场进行开拓的实际成效并不显著。

第六节　"一带一路"国际文化交流与合作的提升路径

一、创新协同机制,实现"丝路"文化交流统一运作

目前,虽然上海高度重视"一带一路"国际文化合作与交流,但由于相关工作计划散落在不同部门的规划文件中,可见度不高,执行力也不强,因此,上海应抓住全市开展"十四五"规划调研的契机,以《文化部"一带一路"文化发展行动计划》为指引,结合上海文化建设实际情况,启动上海对接"一带一路"文化发展行动专项计划的编制,从发展目标、工作重点、保障体系等方面对"一带一路"背景下上海国际文化合作与交流工作进行整体性的规划设计。其次,上海还应建立分工副市长牵头,市文化与旅游局具体落实,全市及各区相关部门、新闻媒体、高校、智库等机构广泛参与的上海市"一带一路"国际文化合作与交流联席工作会议制度,实现全市"一带一路"国际文化合作与交流工作的统筹安排和统一行动。

二、引入多元交流主体,设置社会参与文化合作指标

在继续推动政府主导的大型文化活动结合自身特点嵌入"一带一路"相

---

① 尹涛.广州城市国际化发展报告(2019)[M].北京:社会科学文献出版社,2019:251.

关内容的同时,通过加强宣传引导、实施专项资助等多种方式提高社会与民间组织的参与力度,构筑立体化、多层次和多主体的"一带一路"国际文化合作与交流格局。此外,上海还应根据不同文化交流活动的特点,探索设置以社会参与度为标尺的文化合作评价指标,促进有关方面组织更多面向"一带一路"基层民众的文化交流活动,真正夯实"一带一路"建设的社会基础。

三、丰富文化交流形式,提高国际文化合作的影响力

积极树立"大文化观",在常规性的艺术、旅游等文化交流形式外,上海还应积极开展"一带一路"文物保护、文化遗产开发、科技创新合作、志愿者交流等多种主题、多样形态的文化交流活动,构建多层次的文化合作格局,提高"一带一路"人文交流的社会参与面。努力推动建立以"上海"命名的"一带一路"文化合作交流高端论坛,增强上海对"一带一路"人文交流的议程设置力和议程引导力。此外,上海在组织"一带一路"国际文化交流时,应"大力推动文化融入行动",促进相关文化元素"深入到各国人民的日常生活,并逐步形成文化消费"①,在潜移默化中提高文化交流行动的影响力。

四、搭建数字丝绸之路,精准触达"一带一路"民众

在移动互联时代,互联网是全球信息传播的主要渠道。不过,即便是目前上海最为国际化的上海电影节、上海艺术节等大型节展活动,也没能有效地利用互联网平台开展各种推广活动。因此,在策划、组织相应的"一带一路"文化交流活动时,上海有关部门不仅应进一步强化互联网意识,加强文化交流多语种互联网网站的建设与推广,还应在"一带一路"国家主流的社交平台网站上,开设专门账号,集中发布相关信息,鼓励"一带一路"网民的互动与参与。此外,上海还应积极打造集展示与服务等多种功能于一体的"一带一路"国际文化合作与交流数字平台,借助平台的力量,积累"一带一路"国家用户和企业需求信息,整合上海及国内文化企业内容资源,实现文

---

① 曹巍.如何做好国际文化交流[J].人民论坛,2018(35):136-137.

化"走出去"的精准对接和协同运作。

五、鼓励对外文化投资，加强"走出去"本土化运作

"对外文化投资能以'温和'的方式讲好中国故事。"近年来，随着上海对"一带一路"国家和地区投资总量的提升，文化领域的投资范围也在不断扩大。相较于工业、基建等领域的投资项目，成功的文化投资更需要建立在对相关国家社会文化状况有深入了解的基础之上。然而，虽然国家和上海有关部门不断发布相关信息对中国企业投资"一带一路"国家提供指导，但"尚无针对'一带一路'国家和对外文化投资的相关内容，无法为企业进行对外文化投资提供丰富信息和渠道。"①因此，上海应依托国家对外文化贸易基地等机构，加大"一带一路"国家文化市场考察力度，持续发布有价值的投资信息，承担好上海文化企业和"一带一路"文化市场沟通桥梁的职责。此外，上海文化企业在投资"一带一路"国家时，也应主动与当地有影响力的文化企业对接，不断创新投资模式，积极推动相关文化投资项目的"本土化"运作程度，以更为及时地满足当地文化市场的需求。

---

① 李嘉珊，宋瑞雪."一带一路"倡议背景下中国对外文化投资的机遇与挑战[J].国际贸易，2017(02):53-57.

附　录

附录一　中国形象研究的域外视野

从 1996 年李希光、刘康等学者写作《妖魔化中国的背后》迄今,中国学术界致力于国家形象研究这一兼具理论与实践意义的重要课题已经二十多年了。二十多年来,中国在世界范围内,尤其是在西方的国家形象,成为诸多人文社会学科当之无愧的研究热点。2011 年 1 月 17 日,国务院新闻办参与制作的国家形象宣传片亮相纽约时代广场,标志着中国形象建设已经上升为一项国家工程。在人文社科学界普遍蔓延着某种知识无力感的今天,国家形象研究能发挥如此直接的现实作用,确实有必要肯定其成绩。

不过,这一领域的研究也存在诸多不尽如人意之处。近来,吴飞指出,中国国家形象研究主要存在四个方面的不足:其一,研究主题高度集中,反复讨论《纽约时报》等西方大报对中国形象的建构,忽视了对电视、都市报等与切近普通人日常生活的媒介的分析;其二,理论资源有限,无非使用框架理论、议程设置理论等,数量虽多,却缺乏理论突破;其三,研究方法上局限于各种类型的文本分析,鲜有研究者采用"民族志观察、控制实验等方法";其四,多有主题先行的问题,比如往往存在依照西方媒体妖魔化中国的预设随意剪裁材料的情况①。除此之外,国家形象研究还存在一个极为突出的问题,那就是相当比例的研究都停留在传播技术与传播策略的层面,缺少应有

---

① 吴飞,陈艳.中国国家形象研究述评[J].当代传播,2013(1).

的历史感与政治意识。在这样的背景下,澳大利亚学者马克林(Colin Patrick Macherras)研究中国在西方的形象的著作《我看中国:1949 年以来中国在西方的形象》(中国人民大学出版社 2013 年 7 月出版)适逢其时。要言之,该著作通过历史的追索与现实的分析,令人信服地证明了中国在西方的形象大多数情况下并不取决于中国的实际,从根本上是由西方世界的现实政治决定的。

　　马克林生于悉尼,自幼在母亲的影响下产生了对中国的兴趣。本科阶段,马克林就读于堪培拉大学,在别兰斯坦教授指导下学习中国语文和中国历史。1962 至 1964 年间,马克林在剑桥大学攻读硕士学位,并完成了有关唐朝晚期回纥人历史的论文。剑桥毕业后,马克林与妻子一起来华,在北外教授英文,这段生活经历对马克林影响颇深。此前,他对共产主义与新生的中华人民共和国充满了偏见,但来到中国以后,他对中国政治与中国人民的生活有了更多的了解,"当他返回澳大利亚时,他成了中华人民共和国有力的支持者和辩护者。"(译者序言,第 2 页)早在 20 世纪 70 年代,马克林就致力于中西方关系的研究,并因为这一领域的成就被昆士兰格里菲斯大学等高校授予荣誉博士学位。后来,马克林频繁来中国参观访问,足迹几乎遍及中国全部省份。频繁往来和悉心交流的亲近感,使得马克林能更为全面、内在地考察中国的发展与变化,进而形成与国际社会诸多偏见截然不同的中国看法(译者序言)。

　　当然,马克林对中国在西方形象的分析,并非仅仅来自自身经历,而是根植于福柯、萨义德等人开创的知识/权力分析与批判的学术传统。福柯在《规训与惩罚》《性经验史》等著作中揭示出知识并不是透明的,知识的运作过程中充满了各种权力关系,知识和权力相互生产、相互支撑,共同维系着"制定标准人的身份地位"(第 4 页)。萨义德不仅详细论证了看似客观、中立的西方"东方学"专家如何通过在知识层面将"东方"文明他者化,内在地参与西方世界对"东方"的殖民与扩张,更在其后期著作中揭示了大众传媒在塑造、定义"东方"过程中的重要作用。正如马克林所说,虽然福柯和萨义德的研究不涉及与中国有关的问题,但他们的理论洞见可以用来分析中国形象在西方世界的生产机制,也就是说中国形象研究首先需要关注"西方社会内部以及中西方之间权力关系"(第 4 页)。

马克林著作主体部分"以时间为经、以话题为纬度"(译者序言,第 5 页),系统地呈现了 1949 年以来中国形象在西方世界的变动过程。全书第二章对 18 世纪到新中国成立前中国在西方的形象进行了简短的回顾,为后文的讨论提供了必要的历史背景。第三至五章按照时间顺序依次处理了 1949 年到 20 世纪 70 年代初期,20 世纪 70 年代到 21 世纪初以及 21 世纪以来中国在西方的形象。第六至第八章围绕具体话题展开,其中第六、七章分别处理 20 世纪末和 21 世纪以来中国经济、人口政策以及环境问题的形象,第八章讨论中国的社会文化形象。此外,在第九章,马克林还从"中国西方形象背后的因素"和"如何改善形象"两个方面对全书的讨论进行了简单的总结。

表面看来,全书涉及的时段长、话题多,结构方式并不十分清晰明了,不过,仔细体会,其中仍有值得重视的、连贯的思考线索。首先,马克林著作具有长时段的历史视野。当代西方对中国的再现往往是抽象而程式化的,在这样的再现中,中国的历史是停滞的,中国的现实也只剩下几个似乎"放之四海而皆准"的标签,对此,历史的考察可以提供某种内在的批判。如马克林的研究所示,即使是在西方的历史上,也并不存在亘古不变的中国形象,相反"中国的西方形象一直是发展而多元的"。19 世纪到 20 世纪上半叶,中国不仅在政治经济上饱受西方帝国主义的剥削,在话语的层面也被诸如《中国人的气质》这样的著作剥夺了文明主体的位置,直到今天,此类论述仍然存在于西方话语场中。不过,在 18 世纪,情况却并非如此,当时,不少天主教传教士和包括伏尔泰在内的启蒙思想家毫不吝惜对中国的赞美,认为中国文化,特别是中国的文官政治是堪为西方学习的光辉榜样。中国的现实并没有在此期间发生多大变化,因而中国形象由好转坏,体现的只能是"帝国主义的崛起决定了西方文明为己独尊的观点"(第 17 页)。

在某种程度上,社会制度的差异是影响中国在西方形象的重要"障碍"。20 世纪上半叶,由于同处反法西斯阵营,中国在西方,特别是在美国的形象一度非常正面。不过,1949 年后,由于中国选择了社会主义发展道路,实行

"一边倒"的外交方针,并以各种方式参与亚洲人民反抗美国及其代理人在亚洲统治的民族战争,中国在西方的形象较前发生了一次大逆转。1949到1966年间,美国极力鼓吹中国的负面形象,把中国塑造为"一个专制的政权",屈从于"苏联的控制",极为"好斗",是对世界安全与和平的重大威胁。在这种中国形象的影响下,西方政府和民众习惯于把中国的行为解读为"侵略",此观点一直延续到时下的"中国威胁论"。然而,即便存在制度的差异,中国形象也并非一成不变。20世纪70年代,中国在战略上受到苏联大国沙文主义很大的压力,外交政策上有所调整。1971年,美国总统尼克松秘密访华。此次事件之后,中国的形象向正面扭转,"一份关于西方对中国印象的总结将1972—1977年称为'欣赏的年代'",认为中国是一个"宁静的共产主义社会"(第58页)。20世纪80年代,中国推行改革开放的政策,在发展自身社会经济的同时,也为西方国家提供了广阔的新兴市场,在这段时间,西方对中国的态度是相对善意的,有人甚至将1980—1989年称为一个"'善意的年代'"(第59页)。

其次,马克林十分注重大众传媒在塑造中国形象上的作用。现代社会同时也是一个媒介社会,人们透过大众传媒的中介观察世界,大众传媒也"真实"地再现了一个社会的主导意识形态。为了探求不同时期西方社会主导的中国形象,马克林十分注重从报纸、杂志、影像等大众传媒中搜集资料。不过,马克林对传媒资料的选择,并非以媒介为中心,而是以问题为中心。这表现在他没有孤立地借助单一的媒介形态展开长时间的比较分析,而是十分注重不同时期主导媒介的变迁。考察20世纪70年代前的中国形象,马克林主要依赖新闻报刊和纸质书籍等资料来源;考察20世纪70年代后的中国形象,马克林转而重视电视对中国形象的塑造;而考察21世纪以来的中国形象,马克林又十分强调将互联网作为重要的资料来源。

马克林不仅把大众传媒的报道作为单纯的材料,还格外留意大众传媒报道/遮蔽的双重功能。在英文的词汇中,报道和遮蔽共用着cover这一个单词。西方媒体总是自诩其自由、客观和公正,但实际上,报道总是有选择性的,报道什么,何时报道,怎么报道,都不是一个透明的过程。报道某件事情、某些方面同时也就构成了对另外一些事情、方面的遮蔽,这也正是萨义德所说的媒体决定了"我们观看世界其他地方的方式。"①这典型地表现在西方媒体对中国人权问题的再现上。西方媒体对中国人权问题的关注贯穿着马克林著作涉及的全部时段,它们长期发布有关中国政府"压抑"个体公民权利和政治权利的报道。马克林并不否认中国人权状况确实存在有待改进之处,但他借由派克的观点,明确指出,关键的问题不是西方媒体是否报道了"真实",而是它们是否"过于拘泥于人权的法律定义,仅关注个体的公民权利和政治权利而忽略了经济以及社会不公"(第 184 页)。事实上,正是由于观察视角的差异,西方无法全面地理解中国正发生着的变化,它们一再抱怨中国各方面糟糕的状况,一再发布中国即将崩溃的预言,却一次次发现"大部分中国人都是满怀着自豪之情看待中国的崛起的"(第 105 页)。

最后,马克林始终认识到中国形象的政治性问题。"在'明眼人'眼里,虽然再现者(the representer)再现了被再现者(the represented),但再现的内容与方式却揭露、再现了再现者"②。中国在西方的形象并不固定,总是处于变动不居的状态,但中国形象的每一次变动总是服从于西方国家的国家利益。在这个意义上,中国形象和西方国家的国家政策构成了相互生产的关系。不过,如果仅仅在国际关系博弈的角度理解马克林所说的政治性,却又过于简单了。比如,在 20 世纪 70 年代和 20 世纪 80 年代,中国在西方的形象相对而言是较为友好的。一方面出于对抗苏联强势扩张的现实,中国和西方在战略上有相互接近的需要;另一方面,中国自 20 世纪 70 年代末期开始的现代化政策确实在很多方面偏离了先前的政治、价值理念,表现出向西方靠拢的趋势,两相作用下,中国在西方的形象进入了一个难得友善的时期。然而,一旦西方国家发现中国的对外开放并不意味着全盘照搬西方的发展模式,特别是不照搬西方的政治制度,所谓的友善时期很快就会结束。

---

①　萨义德.报道伊斯兰:媒体与专家如何决定报道观看世界其他地方的方式[M].闫技宇,译.上海:上海译文出版社,2009.

②　萨义德.报道伊斯兰:媒体与专家如何决定报道观看世界其他地方的方式[M].闫技宇,译.上海:上海译文出版社,2009.

毕竟,只要中西之间在政治和社会制度上存在根本的不同,两者之间的矛盾和冲突就不会停止,中国形象自然也会随着矛盾和冲突激烈程度的变化而变化。

中国形象在一些方面和中国正在发生的实际状况有关,但在更多时候,中国形象来源于西方自身,"本文的大部分章节都曾提到西方政治本身在中国西方形象的塑造中所承担的重要角色"(第183页),在这个意义上,中国形象的生成与再造都不是一个抽象的策略与方法的问题,而是一个国家与一个国家存在根基有关的文化政治的问题。就此而言,如果不能全面理解"讲好中国故事"的要求,满足于"讲好"的层面,而忽视了"中国故事"的探讨,换言之,也就是忽视了"形象"背后的"政治",国家形象研究就不可能成为一个真正具有生产性的学术领域。马克林的著作提示我们认识到文化政治的重要性,但是更系统的讨论仍然有待中国研究者今后的努力。

附录二　他山之石：文化强国的德国经验

党的十八大以来，党和国家领导人高度重视文化强国建设在实现中国梦进程中的重要作用，发布了一系列加快文化体制改革、提升文化产业发展水平的指导意见。在此推动下，我国文化事业发展日渐蓬勃，成果丰硕。然而，在文化产品的国际竞争力、公共文化服务水平等方面，我国与西方国家相比，还存在较大差距。因此，研究鉴别、批判吸收西方国家文化发展经验，对推进我国文化强国建设十分必要。

近来，中国社科院副研究员樊鹏在新著《文化与强国：德国札记》（清华大学出版社 2015 年 5 月出版）中，通过十八篇丰富翔实的调研报告，对德国的文化体制与文化产业运行情况进行了缜密的考察。该书是作者借调我国驻德国大使馆文化处工作期间的思考成果，在这段时间里，作者不仅积累了大量有关德国文化的感性经验，同时还利用可能的机会积极请教我国驻德外交人员与相关的德国专家。尤其需要强调的是，作者始终将如何建设文化强国视为基本的问题意识，书稿的每一个选题都与当下我国文化强国建设面临的重要议题直接呼应，极大增强了书稿的可读性与现实相关性。

概而言之，本文中所概括的文化强国的德国经验中有三条格外值得国内相关人士重视与思考。

第一，文化的繁荣离不开国家能力的保障。提到西方国家的文化繁荣，不少人认为这是西方社会较少国家的干预，市民社会能自由、自主发展的结果。然而，樊鹏对德国文化状况的考察表明，政府的财政资金始终在德国文化事业的发展中扮演着核心角色。文化的发展是一项长远的事业，无论是支持国内文化企业参与国际竞争,还是协调、平衡国内不同地区文化发展水平,都需要国家制定全局性的财政与文化政策。2008 年金融危机以来,一些欧盟国家的文化事业受到国家财政危机的严重冲击,与之相对,德国文化事业所受冲击就要小得多,这与德国政府良好的财政状况以及完备的公共文化发展储备资金体系有着直接的关系。

第二,文化产业的发展需要建立长效的培育机制。文化产业在本质上是现代经济的一个门类,其发展自然应该尊重市场经济的一般规律。与此同时,文化产业还对知识创新、创意有极高的要求,而这些要素的养成并非一朝一夕之功。当前,短片电影在世界文化产业版图占据着重要位置,德国是欧洲最大的短片电影生产国,短片电影的繁荣离不开德国政府强大的长效培育机制。除了给短片电影业建立良好的政策环境,提供充裕资金支持,鼓励多元的短片电影节、发展电影协会以外,德国政府还高度重视挖掘学生群体的创意作品,努力为缺乏资助的青年人提供展示空间,正因如此,才为短片电影以至于电影业的长期发展打下了坚实的基础。

第三,文化政策的制定应该有助于发挥国家"濡化"功能。当前,欧洲国家普遍面临严峻的族裔矛盾压力,造成这一现象的一个重要原因是 1960 年代以来欧洲国家长期推行的文化多元政策。文化多元政策的初衷是支持欧洲国家移民保持自身的族裔文化与生活方式,但却对政府的财政与信息治理成本造成了极大的负担,也一定程度上削弱了一个国家应该具备的文化与社会整合力。正由于认识到了这一点,德国政府近年来开始提倡文化融合政策。这一过程也为我国在建设文化强国的过程中,正确处理国家文化与地方文化的关系,制定合理的民族文化政策提供了教训与借鉴。

附录三　我国与"一带一路"沿线代表性国家文化产品出口贸易影响因素研究

一、研究背景

在全球知识经济时代,文化产品出口贸易不仅是拉动世界经济发展的重要动力,也是世界各国推动自身文化、价值观乃至意识形态在全球范围内广泛传播的重要载体。联合国教科文组织发布的研究报告指出,21 世纪以来,尽管世界经济的发展遭遇数次严重的危机,但同时期的文化产品出口贸易的增长依然强劲,在十多年的时间里翻了一倍多。海外学者对国际文化贸易的实证研究证实,文化贸易发达国家如美国,通过大力推动电影、动漫、音乐、书籍等文化产品的出口,对世界知识、文化潮流乃至各国的政治意识形态施加了深远的影响。相应地,也有另外一些研究者指出,全球发展中国家和新兴国家同样可以通过推动文化产品的出口,提高本国文化的国际知名度、影响力乃至国际政治地位①。

从 20 世纪末开始,着眼于文化软实力提升的战略目标,我国组织实施了一系列文化"走出去"工程,为我国文化产品走出国门,充分参与国际合作与竞争营造了良好的政策环境,提供了有力的资金支持。2016 年,在全球经济形势严峻,中国经济增长速度放缓的大背景下,我国文化与传媒产业依然增

---

① 李本乾,刘强.中国传媒国际竞争力研究报告(2015)[M].北京:社会科学文献出版社,2015:2.

长了 12.8%,全年整体市场规模达到 14 382.3 亿元人民币①。而从更长时段的时间段来观察,2003 年,中国文化产品出口规模仅为 40.42 亿美元,而 2015 年这一数值已达 186.51 亿美元,是 2003 年的 4.6 倍,发展速度极为迅猛。

然而,对中国文化产品出口贸易而言,一片繁荣之下亦有不能不重视的隐忧。首先,虽然中国文化产品出口贸易在过去十多年时间里基本保持着旺盛增长的势头,但近年来这一势头趋于放缓,乃至略显疲态。2013 年,中国文化产品出口贸易额较 2012 年下降了 10.66%,2014 年的出口额再次较 2013 年小幅下滑 0.86%②。其次,虽然东南亚、非洲等地区在中国文化产品出口市场结构中的位置日益提升,但从整体来看,中国文化产品最主要的出口国仍局限于美国、日本、德国等发达国家及部分亚洲邻国,缺乏开拓世界上其他国家和地区市场的能力,相应地也就制约了中国文化产品国际贸易竞争力的进一步提升。

作为党中央统筹国内外大局提出的重大倡议,"一带一路"开启了新时代我国对外开放的崭新局面,也为我国文化产品出口贸易打开新渠道、开辟新市场、增强新动能提供了宝贵契机。《文化部"一带一路"文化发展行动计划(2016—2020)》提到要围绕电影、电视、广播、音乐、动漫等领域,开拓完善国际合作渠道,大力促进"一带一路"文化贸易合作。然而,"一带一路"国家发展阶段不同,区域、文化及科技发展水平差异重大,彼此间对中国文化产品的接受程度也存在很大的悬殊,故而,通过扎实的实证研究,探究影响我国与"一带一路"国家文化产品出口贸易的主要因素,可谓优化我国与"一带一路"国家文化贸易格局、增强我国文化产品国际竞争力的前提和基础。

---

① 崔保国.中国传媒产业发展报告(2016)[M].北京:社会科学文献出版社,2016:11.
② 李本乾,刘强,王大可.中国传媒国际竞争力研究报告(2017)[M].北京:社会科学文献出版社,2015:13.

二、文献综述

（一）"一带一路"传媒交流研究

随着新闻传媒促进"一带一路"文明之路建设功能的凸显，"一带一路"传媒交流成为学术热点，此类研究大致可分三类：其一，从理论上阐释"一带一路"传媒交流战略地位，如张昆论证了新闻传媒促进"一带一路"民心相通的重要作用，提出了"传播先行"的命题[1]；其二，探讨"一带一路"国际传播问题与对策，如薛庆国分析了"一带一路"在阿拉伯世界的传播现状，构建了精细传播、协同化传播等优化"一带一路"对阿传播的策略[2]；其三，鉴于产业和贸易合作是传媒交流的重要形式，刘佳[3]（2016）、刘峰[4]（2015）等探讨了深化我国与"一带一路"国家在版权贸易、视听产业等领域合作的理论与实践问题。

（二）传媒产业与贸易研究

传媒产业和贸易是传媒经济研究重要主题，此类研究大致可分四类：其一，论述传媒产业和贸易的意义，如 Marvasti（1994）揭示了文化贸易促进本国文化全球传播的渠道功能；其二，传媒产业生态环境和发展路径研究，如喻国明概括出当前中国传媒产业趋向集成经济的发展态势[5]，崔保国研究了世界传播体系重构下中国传媒发展机遇和路径[6]；其三，文化贸易国际竞争力研究，如刘强基于多种贸易竞争力指标，比较分析了中英美出版贸易国际

---

① 张昆.传播先行，实现民心相通——服务丝绸之路经济带建设的国家传播战略[J].人民论坛·学术前沿，2015（09）：62-72.

② 薛庆国."一带一路"倡议在阿拉伯世界的传播：舆情、实践与建议[J].西亚非洲，2015（06）：36-52.

③ 刘佳.我国图书版权贸易发展路径探析——"一带一路"战略布局下的文化输出[J].科技与出版，2016（04）：85-89.

④ 刘峰，吴德识."互联网＋资本"背景下面向东南亚的视听产业融合发展探析[J].广西社会科学，2015（07）：42-45.

⑤ 喻国明.互联网发展的"下半场"：传媒转型的价值标尺与关键路径[J].当代传播，2017（04）：4-6.

⑥ 崔保国，何丹嵋.世界传播体系重构下的中国传媒发展战略机遇[J].传媒，2017（12）：10-15.

竞争力演进情况①；其四，国际传媒产业发展经验研究，如王楠②、王亚丽③分别探讨了美国、加拿大传媒企业并购和韩国影视贸易对中国传媒产业和贸易发展的启示等。

（三）贸易影响因素测度研究

引力模型是学术界研究贸易影响因素的常规方法。Tinbergen 和 Poyhonen 最先将引力模型应用于国际贸易研究，提出了两国贸易量与各自经济总量成正比，与两国距离成反比的理论假设④。Berstarand、Wincoop、Armstrong 等在后续研究中逐渐将人口规模、文化差异等阻力因素加入经典引力模型，增强了引力模型探究贸易潜力及影响因素的理论基础和技术手段⑤。国内学术界对引力模型的运用十分广泛，如俞路基于扩展引力模型，检验了语言文化对"一带一路"国家双边贸易的影响⑥，高志刚利用随机前沿引力模型，测量了中巴经济走廊建设中双边贸易潜力及效率⑦。也有一些研究者利用引力模型开展中国文化贸易影响因素研究，如林明华利用我国出版物对 32 个主要国家和地区的出口数据，实证研究了影响我国出版物对外贸易的主要因素⑧，但这方面研究数量极少。

综上所述，利用好"一带一路"重大机遇，增强中国传媒对外贸易能力和国际竞争力，是关系到我国文化整体实力提升的重要课题。目前，学术界对该问题的研究刚刚起步，有很大开拓空间。此外，学术界对中国文化贸易问

① 刘强，李本乾.中英美出版产业国际竞争力的演进比较[J].出版科学，2016，24(02)：105 - 108.

② 美国、加拿大大型传媒企业并购考察团，王楠.美国、加拿大大型传媒企业并购的启示与借鉴[J].编辑之友，2011(04)：6 - 9.

③ 王亚丽.韩国影视文化贸易的成功机制及启示[J].山西煤炭管理干部学院学报，2014，27(04)：219 - 221.

④ 谷克鉴.国际经济学对引力模型的开发与应用[J].世界经济，2001(02)：14 - 25.

⑤ 张会清.中国与"一带一路"沿线地区的贸易潜力研究[J].国际贸易问题，2017(07)：85 - 95.

⑥ 俞路.语言文化对"一带一路"沿线各国双边贸易的影响——基于扩展引力模型的实证研究[J].世界地理研究，2017，26(05)：21 - 31.

⑦ 高志刚，张燕.中巴经济走廊建设中双边贸易潜力及效率研究——基于随机前沿引力模型分析[J].财经科学，2015(11)：101 - 110.

⑧ 林明华，杨永忠.中国出版业对外贸易影响因素与出口策略研究[J].出版科学，2014，22(05)：23 - 27.

题的研究,以定性研究为主,虽然已有不少研究利用贸易指数评价中国传媒国际竞争力,但局限于贸易数据内部的研究,难以检验文化差异、制度差异等因素对文化贸易的影响。因此,本文试图依托贸易引力模型,对影响我国与"一带一路"国家文化贸易发展水平的主要因素展开实证检验,是兼具学术价值应用价值的尝试。

三、模型构建

（一）基本贸易引力模型

引力模型的理论根源是牛顿力学体系的万有引力学说,1960 年代初,Tinbergen 等学者将其引入国际贸易研究,提出了两国之间的贸易流量,与两国经济发展水平成正比,与两国之间的地理距离成反比的假说,基本公式为 $T_{ij}=KY_iY_j/D_{ij}$。在该公式中,T_{ij} 分别代表 i 国和 j 国之间的贸易量,K 为常数,Y_i 和 Y_j 分别为 i 国和 j 国的经济总量,一般用 GDP 表示,D_{ij} 为两国之间的地理距离。

（二）文化贸易引力模型

影响文化产品出口贸易的因素众多,根据国内外学者对国际贸易影响因素的既往研究,综合考虑文化产品的特殊性,本文认为结合国际贸易一般理论,并综合考察文化产品的特殊性,假设如下四方面因素会对我国与"一带一路"国家文化贸易发展水平产生影响,分别为:

（1）经济规模。在 Tinbergen 提出的经典贸易引力模型中,经济规模的扩大就是推动、潜力出口贸易增长的关键动力[1],这是因为在通常情况下,贸易对象国的经济规模越大,对商品和服务的需求越强,由此带来的潜在市场空间也就越大。因此,本文假设"一带一路"国家经济发展规模,又主要表现为 GDP,与我国文化产品出口规模正相关。

（2）地理距离。地理距离也是影响国际贸易的重要变量。根据新新贸易理论,地理距离的增长不仅会增加运输和信息成本,缩小贸易的广度,还

---

① Tinbergen K. The world economy：Suggestions for an international economic policy[M]. New York,NY：Twentieth Century Fund：1962.

会经由市场机制的作用,拉升出口商品的价格,并最终导致贸易数量的下降①。因此,本文提出我国与"一带一路"国家的地理距离与我国对"一带一路"国家文化产品的出口规模负相关的假设。

(3)文化距离。文化是创意产业和创意产品的核心因素,内涵于一国文化产品的文化元素,在赋予该国文化产品独特性的同时,也在无形中为他国受众的认知与接受增添了沟通成本和障碍。"一带一路"沿线国家数量众多,彼此间的语言、文化等存在较大差异,因此,本文假设我国与"一带一路"国家间的文化距离与我国的文化产品出口规模负相关。

(4)科技距离。当今时代,以互联网信息技术为代表的高新科技不仅为社会发展和日常生活创造了便利条件,还有效降低了产品的制作成本、贸易的沟通成本、信息的交流成本,因此,国际贸易实现新的发展,必须"结合互联网技术,在新时代找出符合时代要求的发展之路。"②对文化产品来说,科技发展水平,特别是数字技术的发展,既能提高文化产品的制作技术和制作效率,也能有效缩减传媒文化产品的传播与接受的成本。因此,本文假设"一带一路"国家科技发展水平与我国文化产品出口贸易额正相关。

基于上述假设,构建文化贸易引力模型公式如下:$\ln(T_{ij}) = \alpha + \beta_1 \ln(GDP_{jt}) + \beta_2 \ln(GD_{ij}) + \beta_3 \ln(CD_{ij}) + \beta_4 \ln(STL_{jt}) + u$。在该公示中,国内生产总值用 GDP 表示,地理距离用 GD 表示,文化距离用 CD 表示,科技发展水平用 STL 表示。此外,因为原模型不是线性方程,所以两边同时取对数。

四、实证分析

(一)对象选取与数据来源

1. 样本国家

---

① 施炳展,冼国明,逯建.地理距离通过何种途径减少了贸易流量[J].世界经济,2012,35(07):22-41.

② 童俐丽.基于"互联网+"时代下的国际贸易创新路径研究[J].科技经济市场,2017(12):95-97.

作为一项开放的国际倡议,"一带一路"建设是迄今为止"世界上人口规模最大的互利共赢的命运共同体"①,包括全球 60 多个国家和 44 亿人口,分布极为广泛。由于联合国创意产业数据库无法提供"一带一路"沿线全部国家的文化产业和文化贸易相关数据,因此,本文根据相关数据的可得性及相关国家的代表性,从"一带一路"沿线国家中挑选出 8 个国家代表。这 8 个国家是新加坡、俄罗斯、马来西亚、泰国、印度、阿联酋、波兰和土耳其。

2. 文化产品

联合国教科文组织(UNESCO)在《International Flows of Selected Cultural Goods and Services,1994—2003》中,提到了核心文化产品的分类标准,一共有两套标准,一个是 HS,一个是 SITC。HS 一共有四个版本,分别是 HS92,HS96,HS02,HS07;SITC 也有四个版本,分别是 SITC1、SITC2、SITC3、SITC4 四个版本,其中联合国教科文组织(2005)中选取的是 HS96 和 SITC3 两个版本。由于本文关于文化产品出口贸易的数据全部来自联合国贸易数据库(UN Comtrade Database),因此,本文对文化产品的界定与联合国教科文组织(2005)保持一致,以 HS96 统计标准为主。HS96 统计标准下缺少的数据,则参考 SITC3 标准相同类别数据予以填补。

3. 其他数据情况

本文以 GPD 作为衡量各国经济规模的指标,各国 GPD 值从世界银行官方获得。地理距离的数据来自黄金易园中国各县市及世界城市经纬度查询系统,以北京与相关国家首都的最短距离为准。文化距离主要根据 KSI 指数来测算,使用 Hofestede 文化六维度理论。科技发展水平则通过一个国家互联网的覆盖率来计算的,相关数据来自"一带一路"网。

(二)实证结果

将我国与"一带一路"沿线 8 个代表性国家 2006 至 2015 的文化产品出口面板数据导入上述贸易引力模型公式"$\ln(T_{ij}) = \alpha + \beta_1 \ln(GDP_{jt}) + \beta_2 \ln(GD_{ij}) + \beta_3 \ln(CD_{ij}) + \beta_4 \ln(STL_{jt}) + u$",利用 Stata14.0 软件展开随机效

应回归分析,回归结果如附表1所示。

附表 1　随机效应回归计量结果

Random-effects GLS regression		Number of obs			=	80
Group variable：region		Number of groups			=	8
R-sq：			Obs per group：			
within	=	0.2811		min	=	10
between	=	0.9020		avg	=	10.0
overall	=	0.3897		max	=	10
			Wald chi2(4)		=	47.89
corr(u_i, X)	= 0 (assumed)		Prob > chi2		=	0.0000

t	Coef.	Std. Err.	z	P>|z|	[95% Conf. Interval]	
gdp	0.0000934	0.000022	4.24	0.000	0.0000503	0.0001366
gd	−33233.26	9098.908	−3.65	0.000	−51066.79	−15399.73
cd	−9940734	1.23e+07	−0.81	0.421	−3.41e+07	1.43e+07
stl	3404235	583989.4	5.83	0.000	2259637	4548833
_cons	8.85e+07	5.86e+07	1.51	0.131	−2.64e+07	2.03e+08
sigma_u	0					
sigma_e	96862641					
rho	0	(fraction of variance due to u_i)				

从附表1的回归结果可以看出:

1. 国内生产总值与文化产品贸易额正相关

GDP 回归结果 $P>|z|$ 值为 0,表示 GDP 与文化产品贸易额非常相关,*Coef* 值为正,说明 GDP 与文化产品贸易额正相关,这也意味着"一带一路"文化贸易对象国经济规模越大、发展水平越高,其对我国文化产品的潜在需

求也就越大,由此也将带来更大规模的文化产品出口贸易额。

2.地理距离与文化产品贸易额负相关

地理距离回归结果 $P>|z|$ 值为 0,表示地理距离与文化产品贸易额非常相关,$Coef$ 值为负,则说明其与文化产品贸易额负相关。这表明,虽然当代世界的仓储条件和运输速度已在相当大的程度上得到优化,但地理距离仍然构成我国文化产品出口"一带一路"国家的主要障碍。

3.文化距离与文化产品贸易额不相关

文化距离回归结果 $P>|z|$ 值较大,达 0.421,表明其与文化产品贸易额多少不相关。主要原因可能有二,首先,由于本文对文化距离的测算,依据的是 Hofestede 文化六维度理论,由此带来的文化距离内部成分的复杂性,可能会对文化距离与文化产品出口贸易额的关系有影响,导致两者相关度较弱;其次,我国国际政治经济地位的提升,也可能增强了全球受众对中国文化的兴趣[①],从而无形间提升了中国文化产品的国际竞争力。

4.科技距离与文化产品贸易额正相关

科技距离回归结果 $P>|z|$ 值为 0,表示其与文化产品贸易额非常相关,$Coef$ 值为正,则说明科技距离与文化产品贸易额正相关,这表明"一带一路"国家科技发展水平的高低直接影响我国文化产品出口贸易额,相关国家的科技发展水平越高,我国的文化产品出口贸易额也越大,反之,我国文化产品出口贸易额就越小。

五、结论与建议

基于贸易引力模型,本文实证检验了影响我国文化产品出口"一带一路"国家的主要因素,得出了贸易对象国经济发展规模与我国文化产品出口额正相关、贸易对象国地理距离与我国文化产品出口额负相关、贸易对象国科技发展水平与我国文化产品出口额正相关、贸易对象国文化距离与我国文化产品出口额相关性较弱等结论。

---

① 林明华,杨永忠.中国出版业对外贸易影响因素与出口策略研究[J].出版科学,2014,22(05):23-27.

　　根据这些结论,本文认为,为抓住"一带一路"国家倡议带来的战略机遇,进一步扩大我国与"一带一路"国家文化产品贸易额,以贸易的方式促进"一带一路"国家文化交流、民心相通,并在此过程中开辟中国文化国际影响力、竞争力和传播力提升的新渠道、新空间,需要着力加强如下几方面工作。

　　第一,分清轻重缓急,明确主攻方向,优先开拓经济规模较大、地理距离邻近的"一带一路"国家文化市场。对外文化贸易发达国家都十分注重贸易对象国的研究和选择,如日本近年逐渐形成了以中国为一级重点市场、美韩等国为二级重点市场、英法德印等为三级重点市场的文化贸易拓展战略,韩国也明确把文化贸易对象国划分成集中攻略对象、渐进强化对象、竞争力维持对象和新兴市场开发对象等四大层次①。相应的,由于"一带一路"沿线各国情况各异,彼此间的信任程度和合作基础也有很大不同,我国首先应着力开拓经济规模较大、地理距离与我国较近或运输物流条件更为便利的"一带一路"国家文化市场,然后再稳步开辟其他国家和地区的文化市场。

　　第二,推进"一带一路"国家基础设施、通信设施互联互通建设,降低文化产品出口贸易的运输和物流成本。根据詹君恒等人的统计分析,目前中国文化创意产品中国际竞争力较强的大多为劳动密集型产品,而以知识产权和特色服务为基础的核心创新产品仍基本处于国际竞争弱势地位②,因此在今后一段时间里,地理距离及随之而来的运输和物流成本仍将是制约中国文化产品出口贸易的关键因素之一。鉴于此,我国应大力推动"一带一路"国家相关基础设施建设,减少"一带一路"文化贸易的运输、沟通和物流成本,尽可能地克服伴随地理距离而来的贸易障碍。

　　第三,促进文化与科技深度融合发展,提高我国文化产品的制作技术和制作效率。在互联网时代,网络信息技术等高新技术不仅是一种新的生产力,也是"一种知识经济时代的生产关系",只有依托相关高新技术,把"中国

---

　　①　花建."一带一路"战略下增强我国对外文化贸易新优势的思考[J].中共浙江省委党校学报,2015,31(04):14-21.

　　②　詹君恒,吕庆华.中国创意产品及创意相关产品的国际竞争力研究——基于 RCA 指数和 TC 指数的实证分析[J].经济地理,2013,33(07):81-88.

的文化资源转化为信息化的产品,才能最大程度获得传播,而成为人类共享的财富"①。要更好地开拓"一带一路"文化市场,我国也应高度重视以数字信息技术为核心驱动力的文化产品制作技术与制作装备创新,走出一条技术、装备、服务、产品相互促进的产贸发展之路。

① 花建.发展中国对外文化贸易的战略视野[J].探索与争鸣,2005(06):44-46.

附录四　文教结合、文化融合：引导在华留学生讲好中国故事

讲好中国故事，向世界展现真实、立体、全面的中国，是新时代我国加强和提升国际传播能力建设的核心旨归。讲好中国故事，要充分发挥主体性，也要善于借助外部力量。从领导新民主主义革命时期开始，中国共产党就十分注重在对外宣传领域运用统一战线这个重要法宝，借助并引导外部力量，改善我们党和中国革命的国际舆论形象。当前，我国正大力推进教育对外开放，根据教育部发布的数据，2018 年来华留学生数已突破 49 万，覆盖全球 196 个国家和地区。作为往返于中外文化间的求道者，来华留学生既熟悉国际受众，特别是本国受众的接受习惯，又因为较长时间在华接受教育及生活的独特经验，对中国文化和中国社会有一定的认知水平和情感体验，若能有效引导，将成为中国故事跨文化传播的重要力量。

一、在华留学生是讲好中国故事重要力量

从理论上说，"影响形象形成的途径主要有两个：亲身体验和媒介传播"①。虽然在全球化时代，国际间的人员流动十分频繁，但有机会来中国，特别是通过较长时间的生活，获得丰富感性体验的民众毕竟还是少数，因此，国际民众对于中国的认识，最主要还是受其接触的各式新闻媒介的影响。这也是为什么在我国国际传播能力建设中，传播渠道建设始终占据重要位置的原因。无论是"造船出海"，还是"借船出海"，究其实质，都是为了

---

① 聂树江.国际传播如何讲好中国故事[J].新闻战线，2016(23)：107 - 109.

给"中国故事"创造更多触达国际民众的机会。

　　然而,从实践来看,从渠道出发的国际传播能力建设,也往往会遇到一些意想不到的问题。首先,国际受众对媒介渠道的选择是多方面因素长期作用的结果,而在不触动国际受众媒介渠道选择背后的社会因素的前提下,光凭技术性手段很难实现渠道替代甚至渠道并行的目标。譬如,根据学术界针对国际民众北京形象形成过程的分析,绝大多数的国际受众仍主要依赖 CNN,BBC 等国际传媒巨头或 Facebook,Twitter 等国际社交媒体网站了解有关北京的信息,"中国的英文媒体被使用的程度都偏低"①。另外,组织化倾向相对较强的渠道建设也容易引发有意或无意的敌意。譬如,出于意识形态的偏见,美国近来出台多项政策,对中国媒体和记者在美国的活动施加诸多限制,影响了中国媒体在美国开展正常的新闻报道。

　　不过,亲身感受就不一样。国内外多项调查表明,国际受众来访中国的次数往往和其对中国的喜好程度呈正相关关系②。其实,这并不奇怪,从认识形成的一般规律看,实践决定认识,既然中国的建设事业确实在蒸蒸日上,中国的实践确实存在独特性和吸引力,那么只要不是"装睡的人",自然会因为与中国的亲身接触,而形成较为正面的中国认识,或者至少对正在发生的"中国故事"多一些"了解与同情"。正如世界卫生组织总干事高级顾问布鲁斯·艾尔沃德在亲身考察了中国抗击新冠疫情的行动后所说,他"曾经像其他人一样有过偏见,就是对于非药物干预措施的态度是模棱两可的",但经过考察,他必须承认"中国的方法被事实证明是成功的方法"。

　　也正是从这一方面看,留学生应该成为讲好中国故事的重要力量。首先,和一般国际民众比,"留学生对中国文化的整体认同度高……情感评价很高"③,这种情感上的认同和亲近感,使得留学生群体更愿意在国际传播的

---

　　① 赵永华,李璐.北京城市形象国际传播中受众的媒体选择与使用行为研究——基于英语受众的调查分析[J].对外传播,2015(01):49－52.

　　② 赵永华,李璐.国际受众对北京城市形象的认知与评价研究——基于英语受众的调查分析[J].对外传播,2015(05):56－58＋61.

　　③ 任迪,姚君喜.外籍留学生媒介使用与中国文化认同的实证研究[J].西南民族大学学报(人文社科版),2019,40(09):147－153.

场合接受并传播有关中国的正向信息。其次,"理论是灰色的,而生活之树常青",由于具有较长时间的在华生活经历,留学生不仅对中国的了解程度远远高于普通国际民众,还更容易以切身的生活体验修正来华前得之于外界的种种刻板印象。譬如,在不少外国媒体的报道中,"中国梦"被有意无意地与所谓的"美国梦"对立起来,"甚至认为中国梦的实现是以牺牲民众利益为代价的"①。不过,正如同济大学美籍留学生 Jacob Thomas 所说,他在来中国读书前,也多少受到此类观点的影响,但他在中国留学期间,接触了"许多为生活努力的人们,他们有的背井离乡,有的艰苦创业……"发现"'美国梦'中强调的奋斗和追求同样在中国人身上出现……实际上这是适合所有人拥有的追求",进而他做出了这样的判断,"不要通过别人的眼睛去看中国……我在这里所学的远比看一本书、上一节课要多,这地方本身就是一个故事。"②应该说,正是在中国生活的体验,才帮助 Jacob Thomas 形成了这样的认识,而一旦形成了这样的认识,以 Jacob Thomas 为代表的在华留学生就更有可能以极具体验感的"个人故事"支撑"中国故事"的国际传播。

当然,具有更多的关于中国的感性认识,还只是构成留学生参与"讲好中国故事"的可能性,而要把这种可能性变成现实,离不开必要的"教育"和"引导"。和欧美国家高度重视面向留学生的公共外交和文化活动相比,虽然教育部发布的《留学中国计划》明确将"培养一大批知华、友华的高素质来华留学毕业生"列为来华留学事业发展的重要目标,但大多数留学生管理人员和课程教师"对留学生进行大学文化传播的投入十分有限"③,留学生群体在我国国际传播事业中应有的作用并未得到充分发挥。从 2018 年 12 月 19日正式启动,到 2019 年 12 月 14 日落下帷幕,上海交通大学主办的"我眼中的中国——首届在华留学生短视频大赛"融国际传播于文化活动,开辟中国国情教育"第二课堂",引导在华留学生将"知华、友华"理念付诸自觉实践,

①　王义桅.外界对"中国梦"的十大误解[J].人才资源开发,2013(06):98.
②　本文引用的留学生的讲话,都引自上海交通大学主办的"我眼中的中国——首届在华留学生短视频大赛"获奖视频,这些视频可以在"腾讯视频"检索观看。
③　王赛男.面向来华留学生大学文化传播的价值研究与策略分析[J].高校辅导员学刊,2019,11(06):16-19.

投身"讲好中国故事"伟大实践,其中的成效和经验值得总结和思考。

二、"在华留学生短视频大赛"的实践探索

"我眼中的中国——首届在华留学生短视频大赛"(下称"短视频大赛")由上海交通大学主办、上海交通大学媒体与传播学院承办,得到北京大学、清华大学等三十余所大学国际交流部门和新闻传播学院,以及上海报业集团、上海文广集团、东方网、腾讯等多家媒体的支持,吸引了来自全国 26 所高校 41 个国家的在华留学生报名参赛。在引导在华留学生讲好中国故事方面,短视频大赛有三个方面的特点值得重视。

(一)重视文化活动和留学生教育的有机结合

把文化活动作为教育的手段,实现文化、教育、宣传等多种工作的有机结合,既是当代中国全过程育人、全员育人和全方位育人理念的体现,也是世界文化强国开展软实力外交的一般做法。譬如,从 2010 年开始,美国在我国设立美国文化中心,该中心的一项重要工作就是通过组织美国主题文化活动,传播乃至宣扬美国的文化价值观和优越性。不过,在我国,虽然面向本国学生的校园文化活动,始终贯穿着价值引导的意旨,但主要面向在华留学生的文化活动,却又总是呈现出无涉教育的面貌。一个典型的例证是,很多高校热衷于组织留学生参加包饺子、剪纸等民俗文化活动,却很少给留学生创造参与当代中国文化实践的机会,而促进当代中国文化的传播与接受,才是中国文化"走出去"最为关键的任务。

与偏重"传统"的留学生文化活动不同,短视频大赛从筹备开始,就十分注重当代中国元素的植入。短视频大赛活动方案,不仅规定参赛视频的内容应该主要是留学生来华求学期间的所见所闻,还明确亮出大赛的"教育"目的,也即通过鼓励留学生创作基于亲身体验和现场观察的短视频作品,促进这一群体对中国国情的了解,进而更好地向世界讲述真实的中国国情和中国故事。

从各国在华留学生提交的短视频作品看,大赛实现了预期的教育目的。这些短视频作品不仅涉及中国不同的城市(上海、重庆、西安、成都、杭

州……)、不同的主题(传统节日、现代都市、"新四大发明"、科技创新成果……)——不同的场景汇聚在一起,构成一幅当代中国的生动画面——还传递出留学生群体对讲好中国故事的自觉承担。正如北京外国语大学日本留学生 ITO KAEDE 所说,刚到北京的时候,他什么也不懂,但生活和学习了一年之后,他开始惊讶于中国的发展,更加希望能学习好中文,将来为中日两国的交流贡献自己的力量。

(二)注重运用移动短视频等新兴媒介载体

随着移动互联网技术的发展,短视频进入了它的大时代。根据第 44 次《中国互联网络发展状况统计报告》,截至 2019 年 6 月,我国短视频用户规模高达 6.48 亿,占网民整体的 75.8%。移动短视频制作便捷、传播迅速,"激发个性创造,使得以视频为载体的社交传播成为可能"①。在涉外场合,短视频出海也已成为中国文化全球传播的重要载体,近来在国外社交媒体引发广泛关注的李子柒,其成功的关键之一,便是实现了短视频媒介形式与中国乡土生活场景的有机结合。

目前,国内高校乃至社会上组织的涉外文化体验活动,经常依托书法、美食、剪纸等相对传统的文化形式进行。这些活动不但对参与者中国文化基本素养的要求程度较高,而且往往有一套固定的流程或技术要求。留学生在参与这些活动时,不可避免地处于被动接受的位置,并没有太多自主发挥的空间。与此相对,短视频大赛对新兴媒介形式的使用,则帮助留学生克服了语言、文化的制约,增强了认识中国的主动性,丰富了表现中国的技术手段。

从短视频大赛收集的作品整体情况看,正是得益于短视频媒介形式的帮助,留学生得以通过"看"与"被看""听"与"被听""对话"与"对白""风景"与"内心"等视听语言结构,审视中国的过去与现在,重新思考中国的未来。东华大学法国留学生 Gbato 说,正是通过记录来华之后的经历和遭遇,他发现中国已经在他的个人生活中扮演了重要的角色,他"坚信在中国生活的每

---

① 　王晓红,包圆圆,吕强.移动短视频的发展现状及趋势观察[J].中国编辑,2015(03):7-12.

一天,都会和中国伙伴们拥有新的经历,帮助我成长为一个不同的人。在中国,一切都有可能"!

（三）鼓励第一人称视角生活叙事

长期以来,我国外宣部门和媒体较为重视重大主题的对外传播,这虽然有助于宣传当代中国治国理政的基本情况,但却由于相关报道与国外受众的生活相去较远,不易引发持久的兴趣。短视频大赛从一开始,就鼓励留学生以第一人称视角,客观真实地表现"我眼中的中国"。事实证明,正是基于第一人称视角影像叙事形式,留学生在短视频拍摄及后期剪辑制作中,较多地融入了自身的心理和情感,使得看似琐碎的生活故事透出浓浓的温情。

西北大学印度留学生 Anish 拍摄的是我国西北地区过年的场景,她在生活和拍摄过程中,感受到了中国普通人家庭生活中的温暖,表示"很想把这些中国的传统文化带到我的国家,把他们介绍给我的家人"。上海交通大学巴基斯坦留学生 Zohaib 更是通过对学校同学的采访,聚焦并讨论了外国知名品牌都有中文译名通常并不引人注意的有趣话题,得出这表明中国很重视和尊重自己的语言和文化的结论,"每个品牌都被翻译成了中文"。留学生提交的作品大多是平凡而质朴的故事,饱含着真情实感,传递出对中国的热爱和依赖,让中国故事的讲述更有温度,更具说服力和感染力。

三、总结与展望

通过积极有效的组织动员,短视频大赛激发了在华留学生观察中国、体验中国、表现中国的热情。未来,我国应更加重视引导在华留学生讲好中国故事,为提升中国形象的全球传播能力汇聚力量。

（一）建立部门间协同管理机制

"协同性与国际传播能力建设相辅相成。"①在华留学生是重要的国际传播资源,但由于未区分明晰的整合思路和完善的统合机制,迄今尚未在中国形象国际传播中发挥应有的作用。鉴于此,我国应考虑将在华留学生工作

---

① 程曼丽.国际传播能力建设的协同性分析[J].电视研究,2014(06):16-17.

纳入国家"大外宣"工作格局,建立各级宣传、外事、教育部门牵头,高校、传媒及相关社会力量广泛参与的联席工作机制,加大对在华留学生传媒文化与公共外交活动的协同管理和有效引导。

(二)创新留学生中国国情教育模式

教育部门和有关高校应高度重视面向来华留学生群体的中国国情教育,通过精品课程、实地考察多种形式,为留学生更好地认识中国创造条件。此外,更为有效的中国国情教育,应建立在扎实的调研的基础上。学校和教师应通过对在华留学生中国观形成轨迹的调查,了解影响留学生中国观形成的主要因素,并在此基础上,加强对留学生疑难问题的解惑工作,提高中国国情教育的实效。

(三)提升来华留学生文化活动影响力

各级教育部门应鼓励相关高校牵头成立来华留学生教育培养高校联盟,促进跨地区、跨高校来华留学生的交流,联合举办各类文化传播、文化体验和中国国情教育活动,为留学生群体更好地认识中国创造各种便利条件。此外,教育和外事部门可以鼓励支持有条件的新闻媒体,特别是涉外媒体开设专栏或定期组织专题报道,促进留学生"中国故事"的传播。

附录五 "一带一路"倡议下中国科技出版的使命与前景

2016 年 8 月 8 日,国务院正式印发《"十三五"国家科技创新规划》,不仅明确肯定"科技创新合作"在"一带一路"建设中的先导作用,还从"密切科技沟通和人文交流""加强与'一带一路'沿线国家的合作研究"①等方面做出具体部署。可以说,随着"一带一路"步入全面展开和攻坚克难阶段,科技创新合作的成效将直接影响这一战略的前景。相应地,作为科技传播的重要载体,科技出版也势必在促进科学研究、传播科研成果、助推国家战略等方面承担愈加重要的使命。

一、科技创新引领"一带一路"

"一带一路"缘起于 2013 年国家主席习近平外出访问时发起的共建"丝绸之路经济带"和"21 世纪海上丝绸之路"的提议。2015 年 3 月,经国务院授权,国家发改委、外交部、商务部联合发布《推动共建丝绸之路经济带和 21 世纪海上丝绸之路的愿景与行动》(下称《愿景与行动》),这标志着"一带一路"正式成为国家战略。

在"一带一路"建设中,科技创新作为核心驱动要素,发挥着重要的先导和支撑功能。《愿景与行动》这份"一带一路"纲领性文件,不仅详细列出多项海洋、能源、交通、信息等领域可能的技术合作项目,更在"民心相通"部分,单列一节倡导科技创新合作,"加强科技合作、共建联合实验室(研究中

---

① 国务院关于印发"十三五"国家科技创新规划的通知[J].中华人民共和国国务院公报,2016,No.1563(24):6 - 53.

心）、国际技术转移中心、海上合作中心、促进科技人员交流、合作开展重大科技攻关，共同提升科技创新能力"①。此外，《愿景与行动》还对作为"一带一路"建设"排头兵和主力军"的沿海和港澳台地区提出特别要求，要求其"加大科技创新力度，形成参与和引领国际合作竞争的新优势"②。

科技创新不仅是"一带一路"建设的关键内容，还是这一战略顺利推进的重要支撑。邹磊对古今丝绸之路的比较研究表明，中国古代陆地交通技术不发达，海运技术也逐渐落后于西方，先后导致了陆海丝绸之路的落寞，经过当代交通技术的革新，"一方面，随着现代海上运输技术的发展，传统远洋贸易受气候、洋流、补给、通信等方面的制约已大大改善。另一方面，随着航空、公路、铁路、管道等跨境运输方式的兴起，以海运为主导的现代贸易运输体系得到了有力的补充"③。倘若没有这些运输技术的发展，"一带一路"倡议的实施是不可想象的。

"一带一路"为我国与沿线国家的经贸往来提供了新的契机，但相伴而来的"除了广阔的市场，还有残酷的竞争"。中国高铁进入东南亚市场，不仅始终需要应对来自德国、日本、韩国等国企业市场的角逐，还需要解决一些在国内已经成熟的技术却不适应目标国实际情况的问题，这就需要"通过科技创新来设计、制造适合这些市场的商品"④。

十八大以来，党中央多次指出改革开放 30 多年来我国以要素驱动为主要模式的经济增长方式已难以为继，必须花大力气整治资源环境方面的"欠债"。就此而言，中国首倡的"一带一路"理应从头树立"绿色丝路"的理念，避免再走"先污染后治理"的老路。实现这样的目标，也离不开科技创新的支撑。据杨星科研究员介绍，依托中国科学院在丝绸之路经济带环境修复、灾害治理和生态农业等领域的前期研究，有关部门已着手建立"生态环境治

---

① 国家发展改革委　外交部　商务部.推动共建丝绸之路经济带和 21 世纪海上丝绸之路的愿景与行动[N].人民日报，2015 - 03 - 29(004).

② 国家发展改革委　外交部　商务部.推动共建丝绸之路经济带和 21 世纪海上丝绸之路的愿景与行动[N].人民日报，2015 - 03 - 29(004).

③ 邹磊.中国"一带一路"战略的政治经济学[M].上海：上海人民出版社，2015：106 - 109.

④ 刘园园.科技带路，才有更好的"一带一路"[N].科技日报，2016 - 03 - 14(001).

理与生物农业技术创新与引领高地"①,力图有效解决"一带一路"沿线部分国家和地区十分脆弱的生态环境问题。此外,"一带一路"建设的另外一些重要课题,比如提高现有能源利用效率、开发绿色环保新兴能源、应对全球气候变化挑战、提高数字城市和智慧城市技术水平⋯⋯也多是当代科技的前沿问题,同样亟待科技战线优势互补、协同攻关,为"一带一路"倡议的顺利实施提供创新驱动。

二、"一带一路"实干期科技出版的使命

早在 1995 年,时任国务委员宋健对科技出版的崇高使命做出这样的界定,"四百多年的现代科学文明进步的历史表明,没有科技出版事业的繁荣,也不会有科技和教育事业的发展。因此,科技出版视野必须成为我国科技事业的重要组成部分,对实施'科教兴国'战略负有重要的历史责任。"②虽然时移势迁,但只要科技创新是引领发展的第一动力这个历史趋势没有变化,对科技出版在当代中国社会主义建设中所处重要位置的判断就不会过时。在"一带一路"建设实干期,科技出版承担的历史性责任主要体现在三个方面。

第一,作为积累科学知识、发布研究成果、交流学术意见的主要平台,科技出版承担着为"一带一路"科技创新搭建智力平台的重要使命。如果说在"一带一路"酝酿提出阶段,相关研究的主要任务是论证"一带一路"的可行性或阐释其战略意义,那么随着"一带一路"倡议进入扎实推进的实干期,研究的重点就需要实现具体问题、实际问题,在很多情况下就是一个个有待攻关的科技难题的转移。在此阶段,科技出版作为科研成果发表的平台,将为"一带一路"科技创新的不断推进提供智力保障。

第二,作为中外科技领域取长补短、"创新互鉴"③的主要窗口,科技出版

---

①　杨星科.为"一带一路"建设提供科技支撑和创新驱动[N].陕西日报,2015-05-19(004).

②　宋健.实施科教兴国战略　加强科技出版工作——在全国科技出版工作会议闭幕式上的讲话[J].中国科技期刊研究,1996,7(01):1-7.

③　黄培昭.中国与西方在科技领域"创新互鉴"[N].人民日报,2016-08-09(004).

承担着促进中外科技交流、民心相通的重要使命。当今世界,科技创新日新月异,从一个方面说,科技的进步能有效引领一个国家、地区经济社会的发展,从另一个方面说,不少重要的科技问题已很难单靠一个国家的科研力量解决,国际科研合作成为世界科技创新的潮流。"一带一路"建设覆盖世界上近百个国家和地区,在生态、资源、环境等方面有不少世界各国共同面对的科技难题。科技出版作为世界科技文明交流的使者,既能有针对性地译介国外最新科技成果,也能对外传播中国科技的杰出成就,有助于深化"一带一路"科技创新国际合作。

第三,作为社会公众接触科学、认知科学、对话科学的主要渠道,科技出版承担着普及科学知识、增进国民素质,为"一带一路"科技创新夯实社会基础和人才储备的重要使命。科学事业"不仅仅是科技团体的行为,而需要全社会更多的参与"①,通过把专家学者前沿性的研究转化为社会公众喜闻乐见的形式,科技出版不仅能增强公众对科技难题的知晓度、对科技进程的参与感,还能有效培养公众的科学思维能力和科技创新意识,从而为"一带一路"科技创新打造良好的社会氛围和后备基础。

三、科技出版助力"一带一路"的现状及挑战

近年来,全国出版机构抓住国家战略东风,以文化自觉推动实践创新,"一带一路"出版工作风生水起②。在此背景下,科技出版机构发挥专业优势、捕捉出版热点,在"一带一路"科技出版方面也取得了不俗的成绩,主要体现在以下方面。

首先,借重院士智力资源,编制刊发科技创新规划,引领"一带一路"科技行动。《中国科学院院刊》发挥密切联系院士优势,率先刊发中科院孙九林院士主持的"一带一路"科技创新"顶层设计"部分成果,包括《关于加快制定并推进"'丝绸之路经济带'建设科技支撑行动计划"的建议》《关于制定

---

① 何鸣鸿.提高科学传播质量　为基础研究营造良好的环境——国家自然科学基金委员会副主任何鸣鸿在双清论坛上的讲话[J].科普研究,2012,7(05):5-6+9.
② 王大可.2015年"一带一路"出版工作述评[J].科技与出版,2016,No.257(05):27-31.

"'丝绸之路经济带'重大工程建设与安全科技支撑计划"的思考》①,对充分发挥科技创新在"一带一路"建设中的引领功能产生了积极的影响。

其次,利用专业优势,加强选题策划,推出一批特色鲜明的"一带一路"科技图书。依托交通航运专业优势,大连海事大学出版社推出《21 世纪海上丝绸之路港口发展报告》《中国古代航运史》等"一带一路"系列丛书,不仅受到辽宁新闻出版管理部门的肯定,成功获批辽宁省"一带一路"出版基地,还在交通运输系统产生良好反响。能源合作是"一带一路"建设的重要内容,石油工业出版社推出《"一带一路"话石油》《"一带一路"油气合作国别报告》系列书籍,系统剖析了"一带一路"沿线国家政治经济格局及油气产业情况,对政府相关部门和企业机构开辟油气合作新空间有重要参考价值。

第三,结合刊物特色和"一带一路"倡议需要设置议题,刊发的学术论文打开了探究"一带一路"科技问题的多重空间。一年多来,不少科技期刊结合自身特点,把与"一带一路"有关的科技问题确定为刊物重点选题,积极发挥了对相关专业研究的引导作用。《铁道技术监督》配合"一带一路"背景下国家"铁路走出去"的战略需要,设置专栏发表在检验检测机构国际互认、国外合作建厂监造、认证服务等领域有卓越见解的专业论文。《地理科学进展》《热带地理》等地理学科技期刊,刊发系列重要论文探讨与"一带一路"建设有关的国土开发空间格局、陆疆生态环境保护、矿产资源分布及投资环境等方面的议题。2016 年第 2 期《中国工程科学》依托中国工程院重大咨询项目,集中发表 18 篇专业论文,从"一带一路"建设与"海洋强国"建设互相借力的视角,系统构建了海洋能源勘探开发、海洋生物资源开发、绿色船舶技术发展、海洋运载工程、水下观测信息体系等高科技领域的发展战略,为夯实"21 世纪海上丝绸之路"建设的海工装备保障系统提供了技术路线图。

第四,创新出版方式,积极搭建"一带一路"科技创新支撑平台。从国际经验看,积极参与知识生产过程,提供多样知识服务,将是科技出版未来发

---

① 孙九林,董锁成.关于加快制定并推进"'丝绸之路经济带'建设科技支撑行动计划"的建议 [J].中国科学院院刊,2015,30(01):24-31+3.

展一大趋势。布局"一带一路"出版工作,电子工业出版社没有重复传统的编辑发布出版模式。他们主动申请了工信部重点软课题"'一带一路'工业文明及产业经济发展状况研究",通过实地调研和文献研究,不仅深入了解了"一带一路"沿线国家工业发展状况,还提炼出我国与相关国家工业技术合作的可能方向。这些研究成果不仅"转化为信息资源"①供相关部门研究参考,还成为电子工业出版社《"一带一路"工业文明丛书》独特的选题来源。

当然,虽然取得了这些成绩,但与"一带一路"人文社科出版比,特别是与科技创新在"一带一路"倡议中的重要性比,"一带一路"科技出版还存在相当大的提升空间,主要体现在以下方面。

首先,"一带一路"科技出版零星松散,没有形成合力。作为科技创新、科学研究和国家战略的纽带,科技出版承担着从对国家战略的悉心把握中提炼选题和把科学研究著述组织进国家战略框架的双重功能。虽然如前所述,全国科技出版机构已经开始围绕"一带一路"科技问题加强选题策划,但总体而言,这方面的努力尚未上升到自觉的层面,无法对相关领域的科学研究发挥强有力的引导作用。

其次,当前"一带一路"科技图书、科技论文的研究主题普遍而言较为宏观,缺少致力于专门问题研究的精品成果,无法为政府和企业具体工作提供可操作性的对策建议。"一带一路"建设需要解决的不少问题同时也是当代科学研究的难点,比如当代空间观测技术尚难以在覆盖如此广泛的区域内实施整体性的气象监控和灾害防治,深海探测技术和海洋工程装备水平也无法满足社会经济发展对深海资源开发的迫切需求。虽然如前所述,虽然一些科技出版机构已经组织刊发了系列关注这些问题的科技论著,但这些论著大多停留在描述性分析层面,既无法反映我国科技战线的最新研究进展,也无法为实际工作部门提供行动指南。

最后,科技出版机构缺乏清晰长远的"一带一路"科普出版计划。当前,在出版管理部门和出版机构共同努力下,我国图书市场涌现出一大批"一带

---

① 樊文.专业优势助推"一带一路"出版[N].新华书目报,2016-07-25(009).

一路"倡议普及读物,内容广泛涉及"一带一路"国家政策、"一带一路"沿线国家和地区历史文化等多个方面。与此形成对照的是,当前还很少看到能把"一带一路"建设主要涉及的科技领域、"一带一路"科技创新进展和趋向、"一带一路"沿线国家科技创新合作的历史与现状等问题以晓畅明白的语言讲清楚的科普读物。

四、提升科技出版服务"一带一路"能力的框架策略

对于中国科技出版来说,加强和提升服务"一带一路"等国家战略能力的建设,是一项需要国家、出版机构和科技编辑协同努力的长远工程。

首先,国家和相关政府部门应高度重视科技出版在科技创新体系建设中的重要位置,为科技出版事业繁荣营造良好的政策环境。科技出版的内容和服务对象带有较强的专业性特征,经济、社会价值的实现也往往需要较长的周期,国家和有关部门应根据这一特点,制定专门的科技出版政策引导、资金支持、社会保障及绩效评价机制体制。

其次,科技出版机构应在紧跟国家战略的大方向下,增强学术联系、加强专业建设,真正发挥引领科学研究、培养科技人才的社会功能。在媒介融合时代,科技出版机构提升自身竞争力,既要创新出版方式,也要开辟传播渠道,但归根结底还是要坚持"内容为王",通过深化与科研院校的学术联系,真切把握科学发展的脉动,深耕细作,规划出版既身处科技创新前沿又契合国家战略需要的科技出版产品。

最后,科技编辑也应增强文化自觉意识、提高自身科学素养,增强在国家战略和科技创新交汇点进行选题策划的能力。科技出版事业既关系着我国文化事业的发展繁荣,也关系着我国科技创新的大局。对此,科技编辑应具有高度自觉的文化意识,"以国家战略需求引领选题策划",也就是"从国家科技发展规划的战略布局来规划选题方向和选题结构,挖掘发展机遇,从而提高服务国家战略需求的效益和效率"①。

---

① 石磊.服务国家战略需求:科技出版的时代使命与文化自觉——以清华版航天类系列图书策划为例[J].科技与出版,2013,No.222(06):59-61.

参 考 文 献

中文文献

[1] 姜飞,刘滢.国际新闻与传播研究 探索与前沿[M].北京:清华大学出版社,2022.

[2] (美)李金铨.国际传播国际化[M].李红涛,陈楚洁,黄顺铭,宋韵雅,袁梦倩,译.北京:中国传媒大学出版社,2022.

[3] 史安斌,盛阳.探究新时代国际传播的方法论创新:基于"全球中国"的概念透视[J].新闻与传播评论,2021,74(03):5–13.

[4] 赵晓航.国际信息传播秩序 变迁行为与机制[M].北京:中国社会科学出版社,2022.

[5] 孙宜学."一带一路"与文化国际传播经典案例[M].上海:同济大学出版社,2019.

[6] 徐翔.中国文化国际社交媒体传播研究[M].上海:同济大学出版社,2019.

[7] 郭晓明.中国文化国际传播研究 以中国主题图书国际传播为案例[M].北京:人民出版社,2017.

[8] 罗立彬.网络时代中国文化全球影响力提升路径研究:以网络文学海外传播为例[M].北京:北京联合出版有限责任公司,2022.

[9] 范玉刚.全球文化影响下中国主流文化价值观的建构与传播[M].上海:上海交通大学出版社,2020.

[10] 赵月枝,姬德强.传播与全球话语权力转移[M].北京:世界知识出版社,2019.

[11] 周庆安.超越有形疆界 全球传播中的公共外交[M].北京:中国传媒大学出版社,2018.

[12] 释清仁.构建人类命运共同体的理论与实践研究[M].北京:人民出版社,2022.

[13] 郭可.中国媒体的世界图像及民众全球观[M].上海:上海交通大学出版社,2020.

[14] 王春林.创新文化走出去的内容、形式和途径研究[M].北京:中国经济出版社,2019.

[15] 戚德祥.中国出版"走出去"创新研究[M].北京:中国社会科学出版社,2020.

[16] 张宏.中国出版"走出去"的话语权和传播力构建[M].苏州:苏州大学出版社,2015.

[17] 邹磊.中国"一带一路"战略的政治经济学[M].上海:上海人民出版社,2015.

[18] 张国良.学科发展如何借力国际传播——以中国传播学的国际化历程为例[J].新闻大学,2022,No.193(05):17-27+117-118.

[19] 胡智锋,刘俊.主体·诉求·渠道·类型:四重维度论如何提高中国传媒的国际传播力[J].新闻与传播研究,2013,20(04):5-24+126.

[20] 张毓强,庞敏.新时代中国国际传播:新基点、新逻辑与新路径[J].现代传播(中国传媒大学学报),2021,43(07):40-49.

[21] 刘燕南,刘双.国际传播效果评估指标体系建构:框架、方法与问题[J].现代传播(中国传媒大学学报),2018,40(08):9-14.

[22] 张文宗,胡畔.中美舆论战与中国的国际传播[J].和平与发展,2022,No.185(01):1-15+136.

[23] 张毓强,潘璟玲.国际传播的实践渊源、概念生成和本土化知识构建[J].新闻界,2021(12):41-55.

[24] 李明德,乔婷.中国国际传播:历史演变、现实背景与前沿问题[J].西安交通大学学报(社会科学版),2022,42(05):123-135.

［25］逄增玉. 当代中国文化国际传播的现状与路径述论［J］.现代传播（中国传媒大学学报）,2018,40(05):14－20.

［26］史安斌,童桐. 从国际传播到战略传播:新时代的语境适配与路径转型［J］.新闻与写作,2021,No.448(10):14－22.

外文文献

［1］Thussu D K. International communication : continuity and change ［M］. Arnold,2000.

［2］Hastings S K. Global networks : computers and international communication | Clc［J］. Information Society,1995,46(9):708－710.

［3］Cohen R. Negotiating across cultures:international communication in an interdependent world［J］. Journal of Asian Studies,1997,57(3).

［4］Mohammadi A. International communication and globalization : a critical introduction［J］. Geology,1997,32(2):165－168.

［5］Servaes,Jan. Soft power and public diplomacy:The new frontier for public relations and international communication between the US and China［J］. Public Relations Review,2012,38(5):643－651.

［6］Dulek R E,Fielden J S,Hill J S. International communication:an executive primer［J］. Business Horizons,1991,34(1):20－25.

［7］Servaes,Jan. Soft power and public diplomacy:The new frontier for public relations and international communication between the US and China［J］. Public Relations Review,2012,38(5):643－651.

［8］Herman E S,Mcchesney R W. The global media:the new missionaries of corporate capitalism［J］. Foreign Policy,2001,1(21):99－101.

［9］Bennett W L. Global media and politics:Transnational communication regimes and civic cultures［J］. Annual Review of Political Science,2004,7(1):125－148.

索　引